Ralf Piechowiak

Die lebendige Nation
Der Weg zur Deutschen Einheit

Guido Knopp (Hrsg.)
Ralf Piechowiak

Die lebendige Nation

Der Weg zur Deutschen Einheit

GESCHICHTE live
Unser Jahrhundert in Wort und Bild

Georg Bitter Verlag

CIP-Titelaufnahme der Deutschen Bibliothek

Piechowiak, Ralf:
Die lebendige Nation : Der Weg zur Deutschen Einheit /
Ralf Piechowiak. Guido Knopp (Hrsg.). - Recklinghausen :
Bitter, 1991
(Geschichte live)
ISBN 3-7903-0418-2

Bildnachweis:
Action press: 4
Archiv für Kunst und Geschichte: 5
Archiv Gerstenberg: 3
Bundesbildstelle Bonn: 95
credit line/J.F.K. Library: 5
daily express: 1
dpa: 3
Hachfeld: 3
Jürgens Ost+ Europa Photo: 15
Keystone: 6
Neues Deutschland: 1
story press: 5
Sven Simon: 1
Piechowiak: 5

Das Buch erscheint in der reihe “Geschichte live - Unser Jahrhundert in Wort und Bild”
Herausgegeben von Guido Knopp
Einbandgestaltung: Sebastian Linnerz
Typografie: Walter Stolzenberg
Redaktion: Juliane Jung
Gesetzt aus der Garamond
Druck und Bindung: Ebner Ulm

ISBN 3-7903-0418-2

Inhalt

Vorwort

Wir sind jetzt wieder Mitte

Nicht der 3. Oktober war der Tag der Deutschen - Ereignis war die Nacht zuvor. Sie gehörte den Menschen, die in Bonn und Koblenz, in Leipzig und Dresden die wiedergewonnene Einheit feierten. "GUTE NACHT DDR - GUTEN MORGEN DEUTSCHLAND", so hieß das Motto nicht nur in der größten Diskothek im neuen Bundesland Sachsen.

Es war ein Abend der Freude, der Erinnerung und des Dankes, aber auch ein Abend der Verantwortung und vor allem der Nachdenklichkeit. Im Mittelpunkt der Feiern: Berlin, die neue Hauptstadt. Dort vollzogen sich an diesem Abend die letzten Symbolhandlungen. Die westlichen Siegermächte hatten sich am Morgen des 2. Oktober offiziell verabschiedet: "Um Mitternacht ist die Aufgabe der alliierten Stadtkommandanten erfüllt", schrieb US-Kommandant Raymond Haddock dem Berliner Regierenden Bürgermeister Momper. Im Deutschen Schauspielhaus verabschiedete sich der erste und gleichzeitig letzte frei gewählte Regierungschef der DDR, Lothar de Maizière: "Es ist eine Stunde großer Freude, ein Abschied ohne Tränen."

Dann begann das große Volksfest am Alexanderplatz, Unter den Linden und am Brandenburger Tor. Ganz Berlin feierte - nicht ausgelassen oder überschäumend, sondern eher nachdenklich und ohne den von manchen befürchteten nationalen Überschwang. Man war vor allem froh darüber, daß die Einheit ohne Blutvergießen und auch ohne größere Krawalle Wirklichkeit geworden war. Vor dem Reichstag, wo die Fahnen der nun sechzehn Bundesländer wehten, wurde um Mitternacht eine 60 Quadratmeter große Bundesflagge aufgezogen, die "Fahne der Einheit". Die Freiheitsglocke im Schöneberger Rathaus läutete ein neues Zeitalter der deutschen Geschichte ein. Der Auftrag des Grundgesetzes, die Einheit Deutschlands in Frieden und Freiheit wiederherzustellen, war erfüllt. "Die Form der Einheit ist gefunden, nun heißt es, sie mit Inhalt zu füllen", hatte Lothar de Maizière in seiner Abschiedsrede als DDR-Ministerpräsident gemahnt.

Dieser Gedanke, der sich in vielen Stellungnahmen wiederfand, wies auf eine Aufgabe hin, die der Bundespräsident auf die einprägsame Formel brachte: "Sich zu vereinen heißt, teilen lernen!" Neben dieser innenpolitischen Forderung stellte Richard von Weizsäcker auch eine außenpolitische Aufgabe: "Ich wünsche mir, daß wir die Einheit, die wir der gemeinsamen freiheitlichen Entwicklung in Europa verdanken, im Sinn der Vereinigung Europas nutzen. Es ist eine Chance, die es noch nie gab und die wir im Bündnis unserer westlichen Partner auf das ganze Europa gerichtet wahrnehmen sollten."

45 Jahre Teilung sind also vorüber. Damals, 1945, hat sich mit der deutschen Frage der Ost-West-Konflikt entzündet. Heute ist er mit der deutschen Einheit aufgelöst. Nun ist Deutschland nicht mehr Geisel an der Nahtstelle der Blöcke, nicht mehr potentielles Schlachtfeld eines atomaren Krieges.

In den Anfangsjahren war die deutsche Frage noch ein Kernpunkt internationaler Konferenzen, Streitpunkt leidenschaftlicher Debatten, Reizpunkt für so manche Ängste. Seit dem Mauerbau jedoch lag sie im Eisschrank der Geschichte. Viele, ja die meisten Intellektuellen sahen in ihr nur noch ein Gespenst des Kalten Krieges. Doch sie blieb lebendig, vor allem durch die Existenz der Mauer in Berlin. Denn deren bloßes Dasein war die beste Antithese für all jene, die die Teilung akzeptieren wollen. Vor allem ihnen galt das Wort:"Die deutsche Frage ist so lange offen, wie das Brandenburger Tor geschlossen ist."

Gewiß, es hat auch Kraft dazu gehört, an diesem Glauben 45 Jahre festzuhalten. Es war so leicht, sich einzurichten in der Teilung, wenn es einem gut ging. Und es war so leicht zu spotten, daß die Forderung nach Einigkeit pure Heuchelei sei, Ausbund alten Denkens, Schutt des Kalten Krieges. Doch es war nicht immer leicht zu sagen, daß die Deutschen einen langen Atem brauchen, um das

Grundgesetzgebot der Einheit zu bewahren, und daß Selbstbestimmung für die Menschen in der DDR genauso legitim ist wie die Selbstbestimmung für die Menschen in Palästina.

Der deutsche Hang zum Metaphysischen hat den Gedanken aufgebracht, die Teilung sei nicht nur die Folge des vom Hitler-Reich entfachten Krieges, sondern mehr noch, gleichsam die gerechte Strafe für die deutschen Sünden und Verbrechen in der Nazi-Zeit. Das ist die Legende, denn die Teilung war tatsächlich und ausschließlich das Ergebnis des in Deutschland ausgetragenen Kalten Krieges der Supermächte.

Freilich gab es immer Unterschiede zwischen öffentlicher und veröffentlichter Meinung. Die demoskopischen Erhebungen bewiesen über all die Jahre, vier von fünf erwachsenen Bundesbürgern hielten unbeirrbar fest am Willen, diese Einheit eines Tages zu vollenden, ganz gleich ob nun als Wieder- oder Neuvereinigung.

Doch ohne diesen Mann im Kreml, der vor riesigen Problemen stand und steht, der keine Panzer aufbot, um das SED-Regime zu retten, ohne all die Menschen auf den Straßen Leipzigs oder Dresdens, die zuerst den wunderschönen Ruf "Wir sind das Volk" skandierten, ohne Gorbatschow und diese Menschen also, hätte es den Weg zur deutschen Einheit nicht gegeben. Der Rest war harte D-Mark, kluge Außenpolitik und Helmut Kohl. Ansonsten sind im Westen viele, die sich auf dem Zug zur Einheit heute gerne als Lokführer gebärden, oder wohl zumindest als Abteilschaffner, erst im allerletzten Augenblick auf diesen D-Zug aufgesprungen.

Der Traum ist also Wirklichkeit geworden. Daß dies geschehen konnte, bleibt ein manchmal unverdientes Glück und wohl auch eine Gnade. Denn nur selten gibt die launische Geschichte einem Volk zum zweiten Mal in gleicher Sache eine Chance. Die erste Einigung der Deutschen 1871 war ein waffenstarrender Gewaltakt von oben, ohne Zustimmung der Nachbarn, das Ergebnis eines Krieges. Die zweite Einigung war, jedenfalls am Anfang, ein waffenloser Umsturz von unten. Sie vollzog sich völlig friedlich und auch am Ende mit Zustimmung der Nachbarn, wohl ein gutes Omen.

Wir Deutsche sind jetzt wieder Mitte, und wir bleiben doch im Westen, keine Weltmacht bitte, aber hoffentlich vor allem gute Europäer. Doch in unseren Köpfen ist noch manche Mauer einzureißen:"Wir und Ihr", "Wessis und Ossis", "hüben und drüben", erst wenn diese Floskeln ganz und gar verschwunden sind, dann sind wir wirklich beieinander. Denn seit dem 3. Oktober 1990 sind wir nun ein Staat. Wann wir ein Volk sind, wirklich und wahrhaftig, liegt an uns.

Mainz, im März 1991
Guido Knopp

KAPITEL I

KALTER KRIEG UND KLEINE SCHRITTE

1. Eiszeit

Donnerstag, 3. Juni '61: Pünktlich um viertel vor elf landet die "Air Force One" des US-Präsidenten auf dem Flughafen der österreichischen Hauptstadt Wien. Bei strömendem Regen eilen John F. Kennedy und seine Frau Jacqueline die Gangway hinab, begrüßen kurz das völlig durchnäßte Empfangskomitee aus Diplomaten und Politikern, lächeln für einige Augenblicke ins Blitzlichtgewitter der Pressefotografen und flüchten sich anschließend in die wartende schwarze Limousine, mit der das Präsidentenehepaar direkt zur Residenz des amerikanischen Botschafters in der Innenstadt chauffiert wird. Kennedy hat keine Zeit zu verlieren - zwei Stunden später beginnt sein erstes Gipfeltreffen mit Kreml-Chef Nikita Chruschtschow.

Beide Staatsmänner sind sich der Bedeutung ihrer Gespräche nur allzu bewußt; denn zwischen den Supermächten Sowjetunion und USA herrscht nicht nur nach wie vor der sogenannte "Kalte Krieg", schlimmer noch: Seit Moskau den Druck auf West-Berlin massiv verstärkt hat, drohen die Beziehungen der "großen Zwei" nun endgültig in einer neuen Eiszeit zu erstarren. Deshalb ist Kennedy nach Wien gekommen, um, wie er einem seiner engsten Mitarbeiter anvertraut: "Die schwerste Herausforderung meiner Regierung" anzupacken: die deutsche Frage.

Der Schlüssel zu ihrer Lösung liegt im Berlin-Problem. Mit kompromißloser Schärfe hatte Chruschtschow schon im Februar '61 angekündigt, "den Pfahl im Fleisch der DDR" endgültig zu beseitigen und den Westen aufgefordert, sich endlich zur Einsicht durchzuringen, daß es seit 1949 unwiderruflich zwei deutsche Staaten gäbe. Als sich die beiden mächtigsten Männer der Welt kurz darauf persönlich gegenübersitzen, legt der Sowjet-Führer seine Forderungen hart und unnachgiebig auf den runden Tisch der Gipfelkonferenz:

Kennedy und Chruschtschow - die Kontrahenten in Wien

Die Lage in Deutschland sei unerträglich, stellt Chruschtschow zunächst fest. Sechzehn Jahre nach dem Zweiten Weltkrieg gäbe es noch immer keine Friedensregelung - mehr noch: Inzwischen spiele das wiederbewaffnete Westdeutschland sogar schon eine dominierende Rolle in der NATO, so daß ein neuer Weltkrieg drohe. Um das Problem zu entschärfen, wünsche Moskau daher mit den USA eine Vereinbarung über einen Friedensvertrag zu erreichen.

Weigere sich der Westen, werde die Sowjetunion spätestens im Dezember '61 mit der DDR einen separaten Friedensvertrag abschließen, der nicht nur den Kriegszustand beende, sondern auch alle aus der Kapitulation Deutschlands herrührenden alliierten Rechte. Im Klartext: Amerika würde nicht nur seine Besatzungsrechte in West-Berlin verlieren, sondern auch sein freies Zugangsrecht zur Stadt. West-Berlin könne danach zwar weiter existieren, seine Verbindungen zur Außenwelt würden dann aber durch die Deutsche Demokratische Republik geregelt.

Seine Ausführungen beendet der Kreml-Chef mit einer handfesten Drohung: Wenn Kennedy wegen Berlin einen Krieg beginnen wolle, so solle er das ruhig tun.

Ein derart rauhes Gipfel-Klima hat der US-Präsident nicht erwartet. Und so kann er im Augenblick des Chruschtschow-Ultimatums wenig anderes tun, als die Feststellung zu Protokoll zu geben, daß sich nicht nur die Sowjetunion, sondern auch die Vereinigten Staaten einstmals unter hohen Opfern den Weg nach Berlin erkämpft haben und daß man deshalb auch nicht auf die Duldung der US-Präsenz in Berlin durch die Russen angewiesen sei. Gebe er Berlin auf, stellt Kennedy gegenüber seinem Widersacher fest, so würden amerikanische Zusagen und Garantien niemals mehr ernstgenommen werden. Doch Chruschtschow denkt nicht daran, nachzugeben. Er sei entschlossen, im kommenden Dezember einen separaten Friedensvertrag mit der DDR zu unterzeichnen und danach auf jede Verletzung ihrer Grenzen mit Gewalt zu reagieren. "Ich will Frieden", sagt Chruschtschow zum Schluß, " doch wenn Sie Krieg wollen, dann ist das Ihr Problem". Die Entscheidung über den Vertrag sei "unwiderruflich". "Wenn das stimmt", entgegnet Kennedy nur knapp, "dann wird es einen kalten Winter geben".

Nach dem Schock von Wien herrscht Alarmstimmung im Weißen Haus. Der Präsident gibt umgehend detaillierte Krisenpläne für den Ernstfall in Berlin in Auftrag. Nur zwei Wochen später startet

Test für die Freiheit: Clays alliierter Militärkonvoi hat West-Berlin erreicht.

Die Teilung der Stadt beginnt.

Chruschtschow eine neue Offensive, diesmal propagandawirksam übers Fernsehen. Im Laufe einer 75 Minuten langen Rede erklärt er seinem Volk, daß "der Abschluß eines Friedensvertrags mit der DDR nicht mehr länger hinausgeschoben werden darf." Damit hat sich der Sowjet-Führer nun auch öffentlich festgelegt. Der 'Countdown' für den Zusammenstoß der Supermächte läuft, die Frage ist jetzt nur noch: Führt er auch zum großen Krieg?

Am 25. Juli tritt auch Kennedy vor die Fernsehkameras. In einer dramatischen Rede bereitet er die amerikanische Öffentlichkeit auf die kommende Auseinandersetzung vor. Der Präsident ist damit so erfolgreich, daß er in weiten Teilen der Bevökerung regelrechte Panikstimmung vor einem nuklearen Holocaust auslöst. Tausende seiner Landsleute verlassen, noch während die Rede läuft, hastig ihre Wohnungen und Häuser, um den nächstgelegenen Atomschutzbunker aufzusuchen.

Neben der Einberufung zahlreicher Reservisten kündigt Kennedy eine drastische Erhöhung des Verteidigungsetats an. Schließlich benennt er jene drei "vitalen Interessen", die Amerika, notfalls unter Einsatz aller Mittel, in Berlin verteidigen will:

1. Die Präsenz der drei Westmächte in West-Berlin,
2. ihr freier Zugang in die Stadt,
3. die Freiheit und Lebensfähigkeit der Bürger West-Berlins.

"Berlin ist der Prüfstein für Amerikas Willen und Entschlossenheit. Wenn wir hier nicht unsere Verpflichtungen erfüllen - wie werden wir dann später dastehen?", fragt Kennedy.

Der Rahmen für die bevorstehende Willens- und Nervenprobe zwischen den beiden mächtigsten Männern in West und Ost ist damit abgesteckt. Im Kern bedeutet er: Wenn Chruschtschow die Machtgrenzen, so wie sie sich nach dem zweiten Weltkrieg herausgebildet haben, einseitig verrückt, dann gibt es Krieg. Kennedys Botschaft an den Kreml enthält jedoch noch ein weiteres Signal: Was Moskau innerhalb seines Einflußbereichs unternimmt, geht Washington nichts an. Für Deutschland und Berlin bedeutet dies nichts weiter, als daß des Präsidenten wahres Ziel nicht etwa die Einheit der Nation ist, sondern, ganz im Gegenteil, zu allererst die Sicherung des status quo - und der heißt: Die Teilung akzeptieren, wenn dadurch eine Verringerung der Spannungen zwischen den Supermächten möglich ist.

Chruschtschow hat das Signal verstanden. Er zieht die Konsequenz und sucht nach einer "hausgemachten" Alternative zum gegenseitigen Vernichtungskrieg. Die "Lösung": Eine Mauer. Mitten durch Berlin.

Die technischen Voraussetzungen dazu sind schon lange vorbereitet worden, genaugenommen seit dem 17. Juni 1953, als die Deutschen in der Sowjet-

Ein Bild geht um die Welt - Der erste Volksarmist flüchtet in der Bernauer Straße in den Westen.

zone mutig ihren Aufstand für die Freiheit wagten, der so tragisch endete. 1961 ist den Politikern in Ost-Berlin und Moskau sonnenklar, daß sich für die Mehrheit der DDR-Bürger die Lebensbedingungen seitdem nicht wesentlich verbessert haben.

Chruschtschows permanentes Säbelrasseln seit dem Ende der fünfziger Jahre hat einen entscheidenden Anteil am ständig steigenden Gefühl der Ostdeutschen, offenbar im “falschen” deutschen Staat zu leben. Deshalb kehren sie ihm in immer größerer Zahl den Rücken. Besonders nach der unverhüllten Drohung Chruschtschows vom Juni ’61, durch Abschluß eines separaten Friedensvertrags mit der DDR-Regierung “noch in diesem Jahr” das Hintertürchen zur Bundesrepublik zu schließen, steigt die ohnehin enorme Flüchtlingswelle noch einmal kräftig an - mehr als 4000 Menschen sind es allein am 12. August. Die Situation für Ulbricht und Chruschtschow wird brisant. Am Sonntag, den 13. August, beginnt dann das Drama: “Nationale Volkspolizei” und Grenzpolizei der DDR riegeln West-Berlin hermetisch ab.

Schon Anfang August lagen Kennedy geheimdienstliche Spekulationen vor, daß etwas derartiges passieren könnte: “Chruschtschow ist dabei, Ostdeutschland zu verlieren. Das kann er nicht zulassen. Wenn er die DDR verliert, kippt auch Polen und ganz Osteuropa. Er muß etwas unternehmen, um den Flüchtlingsstrom zu stoppen, vielleicht durch eine Mauer. Und wir? - Wir werden nichts dagegen unternehmen können”.

In der Tat! Denn der Mauerbau verstößt zwar

Ein Elternpaar aus West-Berlin zeigt seine Zwillinge den Großeltern jenseits der Mauer.

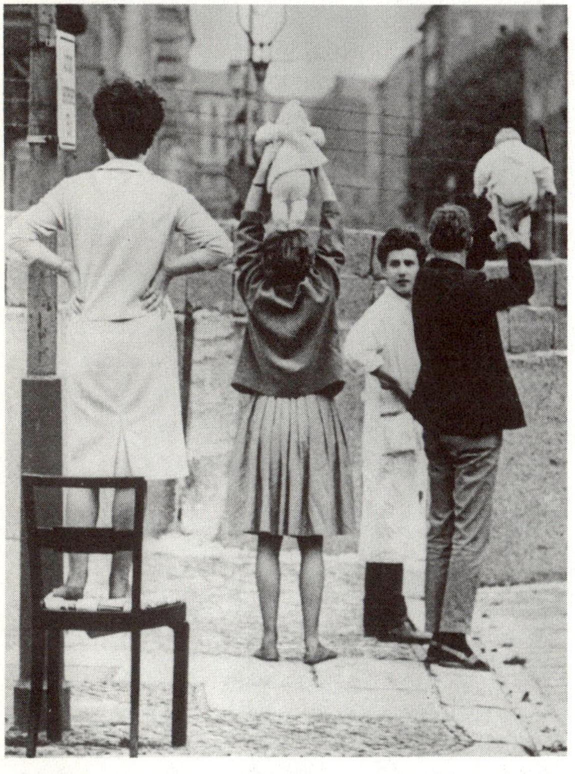

Bautrupps legen unter Bewachung Fallgruben und Panzersperren an.

Die Mauer wird unter Aufsicht bewaffneter Volkspolizei geschlossen.

vertragsrechtlich gegen die Vier-Mächte-Verantwortung für Gesamt-Berlin, die Sowjets aber setzen im Augenblick der Entscheidung darauf, daß für den Westen der Angriff auf den rechtlichen Status der Stadt nicht so wichtig ist, wie die Sicherheit seines freien Zugangs nach Berlin. Mit dieser Vermutung liegt der Kreml-Chef bei Kennedy ganz richtig. Der hatte sich bei der Formulierung seiner drei "vitalen Interessen" ausdrücklich auf West-Berlin beschränkt! In ihrer Wut und Empörung völlig alleingelassen, dämmert den Berlinern bald: Kennedys Interessen beziehen ihre Sorgen um den Verlust der zwischenmenschlichen Beziehungen in Ost- und Westdeutschland und den Zerfall der Einheit nicht mit ein. Da aber weder die Sowjetunion, noch die USA den totalen Vernichtungskrieg riskieren wollen und wohl auch Angst vor der eigenen Courage haben, bleibt keine andere Lösung übrig, als den Mauerbau zu akzeptieren.

Die Konsequenz aus jener gefährlichen weltpolitischen Konfrontation läßt nur einen Schluß zu: Der Schlüssel zur Einheit der Nation liegt eben nicht in Bonn oder in Ost-Berlin, sondern im Verhältnis Moskau-Washington.

Solange beide deutsche Staaten Trümpfe im Pokerspiel der Supermächte bleiben, werden die Karten um Deutschland nicht mehr neu gemischt! Chruschtschow faßt die Situation Ende '61 gegenüber dem damaligen Botschafter der Bundesrepublik so zusammen: "Ich weiß, die Mauer ist eine häßliche Sache. Sie wird auch eines Tages wieder verschwinden. Allerdings erst dann, wenn die Gründe fortgefallen sind, die zu ihrer Errichtung geführt haben!"

Zeitzeugen berichten:

Mc George Bundy, damals Sicherheitsberater Präsident Kennedys:
"Nach dem Wiener Gipfeltreffen dachten wir: Chruschtschow muß man ernst nehmen. Was er will, ist Veränderung; Veränderung in der Machtbalance zwischen den Supermächten. Bei jedem "guten Kommunisten" mußte man damit rechnen, daß er vermeindliche Vorteile für sich auszunutzen versuchte. Chruschtschows persönliche Beweggründe waren damals für uns uninteressant - nur das Mittel, sein Ziel zu erreichen, zählte. Und das war wirklich sehr gefährlich, denn zum ersten Mal drohte er mit einem Atomkrieg. Er dachte wohl, daß wir in Berlin vor diesem Risiko zurückscheuen würden. Das Endergebnis hat gezeigt, daß seine ganze Krise nur auf einem Bluff aufgebaut war".

Martin Hillenbrandt, damals Direktor des Deutschlandbüros im US-Außenministerium:
"Natürlich waren wir stets dazu bereit, unse-

re drei "vitalen Interessen" in West-Berlin zu verteidigen. Aber wir haben nie gesagt, daß das, was in Ost-Berlin passierte, ein vitales Interesse der Vereinigten Staaten war. Das hatten wir so schon mehr oder weniger im Herbst '59, nach dem Chruschtschow-Ultimatum, festgelegt. Niemand hat ernsthaft daran gedacht, etwas Konkretes gegen die Sowjetunion in ihrem Machtbereich zu unternehmen".

John Ausland, damals Gruppenleiter der "Berlin Task Force" im US-Außenministerium:
"Als die Krise am 13. August ihren vorläufigen Höhepunkt erreichte, da fragte ich meinen Kollegen Frank Cash: 'Sag mal, wo sind die Ablauf-Pläne für diesen Fall?' Und er sagte: 'Da drüben in meiner Aktentasche!' Ich ging also rüber, nahm die Tasche, öffnete sie - und schloß sie gleich wieder. Denn es

Die Teilung ist total !

war überhaupt nichts drin. Da war mir klar, daß es für diesen Notfall gar keine Planung gab!"

Dean Rusk, damals US-Außenminister: "Nach unserer damaligen Einschätzung hatte der Mauerbau allen bisherigen Wiedervereinigungsbemühungen sozusagen den Todesstoß versetzt. Danach ging unsere Außenpolitik ganz klar von der Prämisse aus: Die Teilung Deutschlands ist endgültig."

An der Schwelle zur Katastrophe: Die Tankkonfrontation Ende Oktober 1961.

2. *Im Schatten der Mauer*

Für die Deutschen hüben und drüben ist der Mauerbau nicht nur ein tiefer Schock - mehr noch: Er wird als Zeitenwende im Nachkriegsleben der Nation empfunden. Auf beiden Seiten der häßlichen Betonwand setzt sich schon bald die Einsicht durch: Die Teilung ist total. Die größte moralische Niederlage des Kommunismus hat nichts zum Sieg der Freiheit beigetragen. Das ist bitter.

Die Veränderungen im Alltag der Berliner sind brutal. Die Stadt ist regelrecht umzingelt, Kontakte zwischen Freunden und Verwandten sind unmöglich, Familien und Ehepartner werden auseinandergerissen. Aber der Höhepunkt der Krise steht erst noch bevor.

Ende Oktober '61 beginnt die DDR damit, Spezial-Ausweise von allen Angehörigen der US-Militärbehörde zu verlangen, die ohne Uniform nach Ost-Berlin einreisen. Kennedys Sonderbotschafter in Berlin und "Held der Luftbrücke" von 1949, Lucius Clay, ist fest entschlossen, diesen Angriff auf die drei "vitalen Interessen" seines Präsidenten mit allen Mitteln abzuwehren. Als der US-Missionschef Allan Lightner am "Checkpoint Charlie" von Vopos daran gehindert wird, mit seinem Privatwagen nach Ost-Berlin zu fahren, eskortieren ihn schwerbewaffnete Infanteristen mehrmals, vergeblich, durch die Sperranlagen. Clay läßt Panzer auffahren. Doch auch das nützt nichts. Die Volkspolizisten bleiben

Spektakuläres Fluchtmanöver in der Bernauer Straße.

Ein Vater läßt seinen Sohn in ein Sprungtuch fallen.

hart. Schließlich setzt Clay alle Panzer ein, die er zur Verfügung hat. Wenig später gehen auch auf der gegenüberliegenden Seite russische Panzer in Stellung.

Heute wissen wir: In jenen Tagen stand die Welt am Rande einer atomaren Katastrophe. Die Kommandeure beider Seiten hatten damals den Befehl, ihre Panzer notfalls einzusetzen! Acht nervenzerfetzende Tage dauert es, bis die Sowjet-Tanks sich vom Checkpoint Charlie zuerst ein paar hundert Meter zurückziehen und dann, nachdem auch Clay seine Panzer auf Distanz gebracht hat, schließlich ganz das potentielle Kampffeld räumen.

Damit ist der vorläufige Höhepunkt des Kalten Krieges überschritten. Und für Deutschland bedeutet er auch schon den Anfang seines Endes; denn er zerstört endgültig die Illusion all derer, die, wenn die Alliierten sagen, sie verteidigten "die Freiheit", immer noch meinen, sie verteidigten die Freiheit ganz Deutschlands. Gemeint ist ab Ende '61 aber immer nur die eine Freiheit: die Freiheit W e s t - Deutschlands und W e s t - Berlins.

Nach der Szenerie am Checkpoint Charlie richten sich bald wieder alle Augen auf die Mauer. Kein Zweifel: Bei allem Abscheu vor jenem monströsen Symbol der Spaltung und Gewalt zieht Nikita Chruschtschow dennoch seinen Vorteil aus der Krise: In aller Ruhe kann er nun darangehen, den Sozialismus à la DDR zu festigen, mit einer Bevölkerung, die mit Wut im Bauch in der Falle sitzt und sich allmählich dem Unabänderlichen fügen muß. So gesehen hat Chruschtschow recht, wenn er damals zynisch feststellt, daß die Mauer wohl "einen sehr positiven Einfluß auf das Bewußtsein der Bürger" im Osten Deutschlands habe.

Wer dem Würgegriff des Kommunismus jetzt noch entgehen will, der riskiert sein Leben. Unglaubliche Fluchtaktionen unter, über oder durch die Mauer machen Schlagzeilen in der ganzen Welt.

Ulbricht beim Bau der Mauer.

Die tollkühnste Flucht

Im ersten Jahr nach dem 13. August gelingt Wolfgang Eulitz und seiner Braut Inge Lange die Flucht. Fast drei Jahrzehnte später erzählen sie dem Autor, was sich damals, an jenem regennassen Donnerstag in Berlin, nicht weit vom Alexanderplatz, abenteuerliches zugetragen hat.

Wolfgang: "Ich war gerade zwei Monate in Irland, hatte gerade meine neue Stelle als Musiker in Dublin angetreten und plötzlich höre ich: in Berlin, da wird 'ne Mauer gebaut. Ich konnte mir das bildlich überhaupt nicht vorstellen, wie man eine Stadt einfach abteilen kann, Bruder von Bruder, Schwester von Schwester und - meine Braut war ja auch drüben eingesperrt. Also hab' ich mir erst mal ein Auto gekauft - es war ein alter tschechischer Skoda mit irischer Nummer - bin zur Botschaft hingegangen und hab' mir einen bundesdeutschen Paß besorgt, weil ich in der Zeitung gelesen hatte, daß Westberliner an und für sich nicht nach Ost-Berlin rüber durften. Mit dem Paß aber war es möglich - über den für Ausländer eingerichteten Grenzübergang Heinrich-Heine-Straße. Und dann hab' ich zum ersten Mal die Mauer gesehen: Schrecklich! So groß, so häßlich! Ein richtiges Monstrum! Da stand

Abenteuerliche Flucht aus Liebe - Wolfgang Eulitz und seine Braut Inge.

Mit jedem Tag wird die Perversion perfekter, und was beim Bau der Mauer stört, wird einfach weggesprengt.

Die Sehnsucht nach Freiheit hat sie das Leben gekostet.

sofort fest: Über die Mauer kann man nicht springen - die ist zu mächtig. Also mußte man einen Trick finden, wie man sie überlisten konnte. Und dann habe ich Pläne geschmiedet. Immer wieder was Neues. Die Realität sah natürlich ganz anders aus!
Jeden Tag bin ich mit meinem Wagen nach Ost-Berlin gefahren. Und ich merkte dann: Es war einfach, mit den Vopos ins Gespräch zu kommen. Die waren an dem Skoda interessiert - irische Zulassung, Lenkrad auf der anderen Seite usw. Warum ich denn rüberginge, wollten die wissen. 'Na ja', sagte ich, 'unter Umständen möchte ich wieder in die DDR, in das "demokratische Berlin", übersiedeln. Aber vorher müßte ich noch mancherlei im Westen in Ordnung bringen.'
So habe ich mir praktisch den Weg geebnet. Ich konnte jeden Tag 'rüberfahren, ohne daß es auffällig wurde. Und jeden Tag hab' ich mit den Vopos gesprochen, auch über Fluchtversuche. Da hätten in der irischen Presse ja die tollsten Sachen dringestanden, sagte ich, Tunnel unter der Mauer usw. 'Bei uns

gibt's sowas nicht', meinten die dann. 'Wir gucken vorne im Auto nach, hinten im Auto, oben, die Rücksitze werden aufgeklappt, der Tank wird untersucht.' Nie aber sind die Leute auf die Idee gekommen, unten drunter zu schauen!
Das fiel mir auf. Das gehörte nicht zur routinemäßigen Kontrolle.
So konnte man's probieren! Und dann habe ich mir überlegt: Wenn ich einen regnerischen Tag aussuche, kurz vor Mitternacht, also kurz vor Ablauf des Tagesvisums - da haben die sowieso keine Lust mehr, lange zu kontrollieren; da sind die Chancen, daß jemand unter's Auto guckt, noch geringer. Was passieren konnte *wenn*, hab' ich nicht durchdacht. Es war spontan. Es hätte natürlich auch schiefgehen können."

Inge: "Ich bin, ohne meiner Familie was zu sagen, bei Nacht und Nebel weg. Das mußte ich so machen, um sie auch zu schützen. Wolfgang hatte mich wochenlang überredet, und dann hatte er eben diesen tollen Plan. Dann wollte ich es wagen. Ich hatte Angst und mir überlegt: Was ist, wenn doch jemand etwas sieht".

Wolfgang: "Der Plan war, sie unters Auto zu schnallen, der Skoda hatte eine hohe Bodenfreiheit! Am Bodenblech und an den Wagenheberöffnungen hatte mir ein Freund Halteringe angeschweißt.
Und dann kam dieser regnerische Donnerstag Abend. Ich hab' mir ein paar Blocks vor der Mauer eine ruhige Straße ausgesucht, da waren ja noch fast überall Ruinen damals, weit genug weg, daß keine Polizeikontrolle kommt. Eine Reifenpanne wollte ich vortäuschen. Dann mußte es flott gehen: In die Halteringe hab' ich Riemen eingehakt. Inge stieg aus, schob ihre Füße durch einen Riemen und wurde angeschnallt. Dann noch einen Gurt um Hüfte und Nacken. Festgehalten hat sie sich mit Handschuhen am Auspuff. Die ganze Operation hat ungefähr fünfzehn, zwanzig Minuten gedauert. Plötzlich fragte jemand: 'Kann ich Ihnen helfen?' Ein Polizist! Ich sagte: 'Nein, nein, das krieg' ich schon allein hin'. Mein Gott, wenn der Polizist so drei, vier Minuten früher gekommen wäre, wär' ich noch unter dem Wagen gewesen - und da wechselt man doch keinen Reifen! Da hab' ich irre viel Glück gehabt in diesem Augenblick - und geschwitzt! Viel helfen wollte der Vopo sowieso nicht. Dann hätte er sich bei dem Regen ja die Finger schmutzig machen müssen.
Ich bin ganz vorsichtig gefahren. Ab und zu habe ich angehalten und kontrolliert, ob noch alles in Ordnung ist. So fuhr ich langsam an die Grenze ran. Fünf Checkpoints lagen vor uns! Dann der erste Posten. Da mußte man den Ausweis zeigen, um überhaupt an die Mauer ranzukommen. Zweite Kontrolle: Da mußte ich aussteigen und zur Visa-Überprüfung in eine Baracke reingehen. In diesem Moment war ich am aufgeregtesten, weil ich ja überhaupt keine Kontrolle über das Auto mehr hatte. Wenn man noch drinsaß, konnte man vielleicht irgendwie noch etwas machen. Aber so rumsitzen, sich womöglich verhaften lassen! ... So ein Grenzer hätt' sich ja bloß mal die Schnürsenkel binden müssen, schon konnte er sehen, was unterm Wagen los war. Nach einer halben Ewigkeit ging's endlich weiter: im Zickzack, dreimal um die Kurven rechts und links um Steinbarrieren herum. Alles in Ordnung. Beim vorletzten Posten bekam ich meinen Paß zurück. Und dann das letzte, entscheidende Hindernis: Ein Mauerspalt mit einer Art 'rasender Bremse', einem hydraulisch betriebenem Tor. Falls Alarm geschlagen wurde und jemand noch schnell durchfahren wollte, würde er zerquetscht werden. Ich bin schön

langsam durchgefahren. Als ich dann die letzte Mauer hinter mir hatte, fing ich richtig an zu zittern. Da kam's mir erst zu Bewußtsein: Mein Gott, jetzt haben wir's geschafft!"

Inge: "Als wir in West-Berlin ankamen, sind wir als erstes 'ne Bockwurst essen gegangen. Dann mußten wir im Auto schlafen. Am nächsten Tag hab' ich dann erfahren, daß ich mich noch nicht melden konnte, weil ich noch nicht achtzehn war. Ich wär' sonst als Minderjährige wieder zurückgeschickt worden. Also habe ich mich noch ein paar Wochen in einem Appartement versteckt - und nur geheult. Ich wollte wieder nach Hause. Aber ich war mir nicht sicher, wie man mich wieder aufnehmen würde. Und ich war 'romantisch verwickelt' mit Wolfgang.

An meinem achtzehnten Geburtstag bin ich dann in ein Lager reinmarschiert - ganz alleine. Die haben mich angeguckt, als wär' ich von Sinnen. Man hat mich verwöhnt, gleich ein paar Sachen gegeben, denn ich bin ja mit nichts rübergekommen. Und dann hat man mich jeden Tag zu einer anderen Behörde gebracht, ausgefragt und verhört. Damals hab' ich mir gedacht: Die sind genauso wie im Osten. Genauso mißtrauisch. Das war natürlich Blödsinn. Heute kann ich es verstehen: Ich komme da hineinspaziert, durch die Mauer durch, wo kurz zuvor wieder jemand erschossen worden war. Ich habe mir das erst nach meiner Flucht klargemacht und dann immer häufiger schwere Träume gehabt: Was hätte nicht alles passieren können!"

Wolfgang: "Wenn man später so darüber nachdenkt, fragt man sich doch immer noch: Mein Gott, wie hab' ich das damals zustande bringen können. Ja - ich habe Angst gehabt. Viel Angst sogar. Aber wenn ich das nicht gemacht hätte, hätte es kein anderer gemacht. Ich war vollkommen verliebt gewesen - in ein bildhübsches Mädchen. Das war die Voraussetzung für den Mut. Für die Freiheit, in Freiheit zu leben."

Viele bezahlen ihre Sehnsucht nach Freiheit mit dem eigenen Leben. 33 Opfer sind allein im ersten Jahr nach dem Bau der Mauer zu beklagen. Unfaßbare Tragödien spielen sich im Schatten der unmenschlichen Betonwand ab. Bei entdecktem Fluchtversuch wird von DDR-Grenzern sofort scharf geschossen. Am 17. August '62 versucht der neunzehn Jahre alte Ost-Berliner Peter Fechter, die Sperranlagen zu überwinden; mit einem Bauchschuß und zwei Lungenschüssen bleibt er liegen - über eine

Die Leiche des 17jährigen Bauarbeiters Peter Fechter wird abtransportiert. Bei seinem Fluchtversuch wurde er von östlichen Grenzwächtern angeschossen und eine Stunde liegengelassen worden.

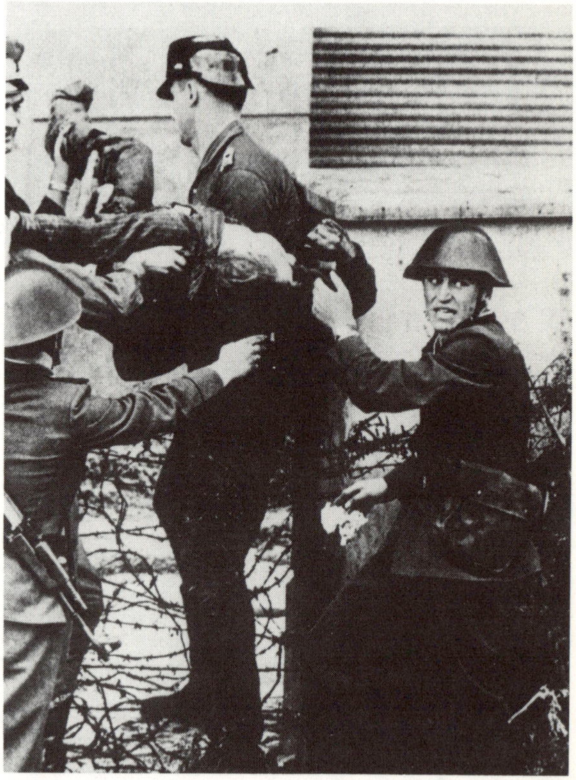

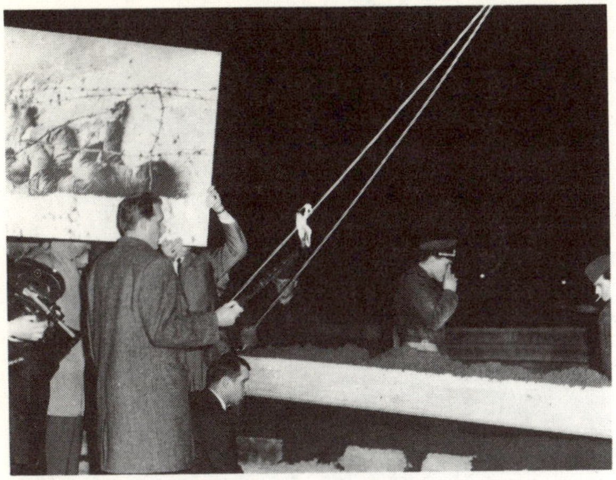

Das Bild des ermordeten Fechters wird den Volksarmisten beim Bau unter die Nase gehalten.

Am Fechter-Denkmal versuchen Grenzposten westliche Bildreporter zu blenden.

Stunde lang. Im "Niemandsland" aus Stacheldraht und Minen will ihm keiner helfen.

Auch die Gegenseite nicht, deren Grenzwachen genauso tatenlos mit zusehen, wie der junge Mann verblutet. Der Vorgang ist symptomatisch für die neue Wirklichkeit Berlins: Der Westen hat die perverse Architektur des SED-Regimes geschluckt.

Auf sogenannter Friedenswacht.

3. *Die schlimmste Schlacht des Kalten Krieges*

Chruschtschow hat Kennedy in Wien gesehen. Er hat seine Reaktion zum Mauerbau und zur Tank-Konfrontation genau beobachtet. Schätzt der erste Mann im Kreml seinen Widerpart im Weißen Haus falsch ein? Unterschätzt er ihn sogar?

Kompromißbereitschaft und die Suche nach einem "Modus vivendi" zwischen den Supermächten deuten aus Chruschtschows Sicht ganz klar auf einen Mangel an Erfahrung beim jungen US-Präsidenten hin. Und deshalb beschließt der Russe Ende '62, den Amerikaner "auszureizen".

Das strahlende Wetter lockt am 14. Oktober '62 Millionen Amerikaner ins Freie. Im Gegensatz dazu ist das politische Wetter über Washington an jenem Sonntag stark bewölkt. In der Hauptstadt verdichten sich Gerüchte, wonach die Sowjetunion dabei ist, auf Kuba eine offensive Raketenbasis gegen die Vereinigten Staaten zu errichten. Die Vorstellung ist erschreckend: Atomwaffen im "Hinterhof" der USA, keine hundert Meilen von der Südspitze Floridas entfernt!

Zur Aufklärung werden zwei U2 - Spionageflugzeuge losgeschickt, die mit ihren Spezialkameras perfekte Fotos von der Zuckerinsel schießen. Einen Tag später macht ein Fachmann an seinem Projektionstisch die schockierende Entdeckung: Vier Basen mit zahlreichen Abschußrampen für dutzende Mit-

Amerika macht eine schockierende Entdeckung . . .

tel- und Langstreckenraketen sind fast einsatzbereit! Erste Reaktion: blankes Entsetzen; denn in weniger als zehn Minuten Flugzeit könnten die Raketen alle amerikanischen Städte im Umkreis von 2000 bis 3000 Kilometern erreichen und, mit Nuklearsprengköpfen ausgerüstet, jedes beliebige Ziel zerstören, ob New York oder San Francisco.

Aus einer internen Bemerkung Präsident Kennedys in jenen Tagen geht hervor, daß er die eigentliche Konfliktgefahr weniger in der Karibik, als mehr in Europa vermutet und folgerichtig in der Raketenstationierung auf Kuba einen Hebel für Moskaus Druck insbesondere auf West-Berlin sieht.

Während Präsident Kennedy und seine Berater intensiv um eine Antwort auf Chruschtchows Herausforderung ringen, geht die Raketenstationie-

. . . sowjetische Raketenabschußrampen auf Kuba.

rung auf Kuba unvermindert weiter. Die Zeit ist knapp, in spätestens zwei Wochen werden alle Systeme feuerbereit sein!

Die Öffentlichkeit ahnt noch nichts von der gewaltigen Gefahr. Kennedy hat seine Mitarbeiter angewiesen, nach außen hin so lange "dicht zu halten", bis er seinen Kurs in der Krise abgesteckt hat.

Trotz aller Vorsicht kursieren schon bald die ersten Gerüchte: Irgendetwas Großes sei im Gange. Die Verlegung zahlreicher Kampfgeschwader der Marine bleibt der amerikanischen Presse nicht verborgen. Vor seiner endgültigen Entscheidung erwartet Präsident Kennedy noch einen ganz besonderen Gast im Weißen Haus: Andrej Gromyko, Außenminister der Sowjetunion. Mit keinem Wort erwähnt er das heikle Thema Kuba. Auch Kennedy verrät nichts von der U2-Entdeckung. Die Unterhaltung wird zum diplomatischen Katz und Maus-Spiel. Dann rückt Gromyko schließlich mit seiner "Neuigkeit" heraus: Er informiert den Präsidenten über Chruschtschows Entschluß, nunmehr trotz Mauerbau und Flüchtlingsstop mit der DDR-Regierung doch noch einen Friedensvertrag abzuschließen. Kennedy weiß: Das ist der Moment, sich zu entscheiden.

Noch einmal läßt er sich über die letzten Details der kubanischen Bedrohung informieren. Dann fallen die Würfel. Kennedy beschließt den stufen-

Pausenlos tagt im Weißen Haus der Krisenstab. Eine Woche lang ahnt die Welt nichts davon, daß der 3.Weltkrieg kurz bevorsteht.

weisen Schlagabtausch mit seinem Gegenspieler Chruschtschow, wenn nötig bis zum Äußersten. Jeder falsche Schritt, der jetzt getan wird, kann den nuklearen Holocaust bedeuten. Von den Entscheidungen, die nun in Moskau und in Washington getroffen werden, hängen Leben oder Tod von Millionen Menschen ab.

Am Abend des 22. Oktober '62 kündigen alle Radio- und Fernsehstationen eine Rede des Präsidenten "über ein Thema größter nationaler Dringlichkeit" an. Fassungslos hören die Amerikaner, was ihnen Kennedy zu sagen hat: "Wir haben jetzt unmißverständliche Beweise dafür, daß eine Reihe offensiver Raketenbasen auf Kuba entstehen. Ihr Zweck kann nur sein, sich gegen die westliche Hemisphäre eine nukleare Angriffsmöglichkeit zu schaffen. Ich habe angeordnet, daß sofort folgende Schritte unternommen werden:

1. Um die Aufrüstung Kubas zu stoppen, wird eine strikte Seeblockade gegen alle Angriffswaffen verhängt, die nach Kuba unterwegs sind. Schiffe aller Art, aus welchem Land sie auch kommen mögen, werden zurückgeschickt, sofern sie Offensivwaffen geladen haben.

2. Ich habe die verstärkte Überwachung Kubas und seiner Aufrüstung angeordnet. Sollten die offensiven militärischen Vorbereitungen weitergehen und damit die Bedrohung für diesen Erdteil verstärken, sind weitere Maßnahmen gerechtfertigt.

3. Unsere Politik wird sein, jeden Raketenabschuß von Kuba gegen eine Nation der westlichen Welt als Angriff der UdSSR auf die USA anzusehen, der mit einem vollen Vergeltungsschlag gegen die Sowjetunion beantwortet wird!"

Nach dieser Rede Kennedys ist auch jedem Deutschen klar, daß die Welt ganz dicht vor dem Dritten Weltkrieg steht. Kaum achtzehn Jahre, nachdem der Zweite Weltkrieg und vierundvierzig Jahre, nachdem der Erste Weltkrieg zu Ende ist, läuft in den USA die größte militärische Mobilmachung aller Zeiten an.

In den folgenden sechs Tagen überschlagen sich die Ereignisse. Nach ebenso gefährlichen, wie letzten Endes kurzen militärischen und diplomatischen Manövern beider Supermächte, in deren Verlauf erstaunlicherweise "nur" ein Menschenleben zu beklagen ist, endet die akute Krisenphase am 28. Oktober. In einer öffentlichen Erklärung teilt Nikita Chruschtschow mit: "Die sowjetische Regierung hat den Abbau der Waffen auf Kuba angeordnet sowie deren Verladung und Verschiffung in die UdSSR."

Nach dreizehn Tagen zwischen Angst und Abgrund gibt es weder Sieger noch Besiegte. Warum also das Abenteuer?

Chruschtschows Verhalten trägt Züge eines Spielers. Er glaubt zunächst, Kennedy versuche genauso wie er, einen Bluff. Chruschtschow will nicht wahrhaben, daß die Gegenseite tatsächlich tun würde, was sie androht. Er ist völlig befangen von seinen aus Wien und Berlin abgeleiteten Klischeevorstellungen über Kennedy, die er geradlinig auf das zu erwartende Verhalten seines Kontrahenten in der Kuba-Krise überträgt. Vor allem aber hat Chruschtschow auf ein Tauschgeschäft gehofft: Wären nämlich die Raketen auf der Insel seines Freundes Fidel Castro erst einmal gefechtsbereit, könnte man sie gegen ein Zugeständnis in Europa einhandeln - gegen die Übergabe West-Berlins. Eine neuerliche Berlin-Blockade erschien Kennedy auch auf dem Höhepunkt der Krise möglich. Damit hätte sich der Konflikt auf das gesamte westliche Bündnis ausdehnen können. Die Folge: Das nordatlantische Verteidigungsbündnis NATO wäre unmittelbar in die Konfrontation hineingezogen worden, ein Horrorszenario, bei dem jedermann Todesangst ergreift.

Die unerwartete Standfestigkeit der USA in dieser Frage hat Chruschtschow schließlich zum Einlenken veranlaßt. Allerdings: Auch wenn er sein Abenteuer aufgibt, so doch wohl kaum um den Preis einer bedingungslosen Kapitulation. Rückzug bedeutet keinesfalls Verzicht! Wenigstens einen "Nebengewinn" muß das Unternehmen für ihn abwerfen, und sei es nur, um das Gesicht zu wahren. Und so fordert Chruschtschow im Austausch für kubanische Raketenbasen die türkischen Raketenbasen. Auf diesen Handel, den der Kreml-Chef buchstäblich in letzter Sekunde anbietet, kann Kennedy problemlos eingehen. Denn Amerikas Präsident weiß eh am besten, daß die "Jupiter" - Raketen in der Türkei hoffnungslos veraltet sind und der Beschluß zur allmählichen Verschrottung im geheimen längst gefallen war.

Der "Spieler" Chruschtschow hat verloren, diplomatisch jedenfalls. Ein guter Verlierer rechnet nach der Niederlage stets seine gesamten Spielschulden ab, und was tut Chruschtschow? Er zahlt! Er hat versucht, mit einem Schlag das strategische Gleichgewicht auf der Erde zu seinem Vorteil zu verändern, und er hat seinen Bluff verloren. Den Mauerbau hat Chuschtschow noch "gewonnen", weil man ihm damals, noch, geglaubt hat, er werde eher die ganze Welt in Schutt und Asche legen, als einen Mißerfolg hinzunehmen. Nur ein Jahr später hat sich

Die bemannte Raumfahrt wird nach der Kuba-Krise zum Prestigekampf der Supermächte.

das Bild vom "roten Kreml-Zaren" radikal geändert. Politisch-psychologisch hat die Kuba-Krise deshalb unvorhergesehene, positive, Folgen: Beide Supermächte hatten in das tiefe Loch der atomaren Katastrophe hineingeschaut, und ihnen gefiel nicht, was sie darin sahen! Vor der Kuba-Krise war das beiderseitige Verhältnis vorrangig durch Machtstreben und Prestige auf dem Hintergrund nuklearer Bedrohungen bestimmt. Die Erfahrungen während der dreizehn Tage vor dem drohenden Dritten Weltkrieg leitet nach dem 28. Oktober 1962 nun eine neue Phase der Beziehungen zwischen Washington und Moskau ein. Als Folge der gemeinsam überstandenen Gefahr des atomaren Holocaust wird der Kalte Krieg der "Großen Zwei" spürbar beruhigt. Das neue Zauberwort heißt "friedliche Koexistenz".

Zeitzeugen berichten:

Theodore Sorensen, damals Sonderberater Präsident Kennedys:
"Es war klar, daß mit den Raketen auf Kuba von uns Zugeständnisse in West-Berlin erpreßt werden sollten. Das war ein wichtiger Grund, warum sie der Präsident weghaben wollte. Zur selben Zeit, als wir mit einer Seeblockade reagierten, hielten wir es für äußerst wahrscheinlich, daß die Sowjets unsere Kuba-Blockade mit einer neuen Berlin-Blockade beantworten würden. Also haben wir Vorsorge getroffen, um für eine neue Luftbrücke gerüstet zu sein und sowohl West-Berlin als auch West-Deutschland auf diesen Notfall vorzubereiten."

Egon Bahr, damals Pressesprecher des Berliner Senats:
"Der Regierende Bürgermeister hat seine engsten Mitarbeiter in diesen Tagen in sein Amtszimmer geholt, und hat gesagt, es könnte

sein, daß wir einen langen Marsch machen müssen, bringt euch warme Socken mit. Und er hat sich an Kennedy gewandt, und hat ihm gesagt: Lassen Sie sich in den notwendigen Entscheidungen zur Meisterung der Kuba-Krise nicht durch mögliche Rückwirkungen in Berlin oder gegen Berlin beeinflussen. An diesem Abend ist auch die Idee aufgekommen, ob man in einem solchen Fall eines Zugriffs oder Angriffs auf West-Berlin nicht die Bevölkerung der DDR aufrufen müßte, daraus Konsequenzen zu ziehen. Es ist gottlob nie weiter erörtert worden, denn es war kein Grund mehr dazu."

Jan Senja, damals stellv. tschechischer Verteidigungsminister:
"Auf unserer Seite wurde die Mobilisierung bereits eingeleitet, das sowjetische Hauptquartier in der Nähe von Potsdam war in höchster Alarmbereitschaft. Der Kommandant stand mit uns in ständigem Kontakt - alles war bereit. Am wichtigsten war für die Sowjets natürlich die Rettung Kubas. Aber sollten die Russen Kuba doch noch verlieren, dann lag die einzige Möglichkeit, das Gesicht nicht zu verlieren darin, West-Berlin zu nehmen. Alles andere wäre für Chruschtschow und die Sowjetunion eine komplette Tragödie gewesen."

Alexej Adschubej, damals Berater und Schwiegersohn Chruschtschows:
"Sowohl Kuba, als auch West-Berlin - das waren Glieder einer Kette. Das war eine Zündschnur, die an beiden Enden angezündet war. Und irgendwo in der Mitte lagen die Interessen der Vereinigten Staaten von Amerika und der Sowjetunion. Die Lunte brannte immer. Endlich gelang es, sie auszutreten. Ich meine, daß das Ende der Kuba-Krise den größten Kompromiß des zwanzigsten Jahrhunderts darstellt. Es muß einfach mal gesagt werden: damit war auch die Gefahr, Deutschland in Brand zu stecken, endgültig beseitigt.

4. Die neue Wirklichkeit

Während sich die weltpolitische Lage nach der gefährlichen Kraftprobe beider Supermächte nach und nach aus der Erstarrung löst, bleiben die Regierenden in West- und Ostdeutschland beharrlich in den Schützengräben des Kalten Krieges sitzen.

Konrad Adenauer traut dem neuen Kurs des US-Präsidenten nicht, der einen stabilen Status quo in Deutschland neuen Risiken in Sachen Einheit offenkundig vorzieht. Die Ereignisse der Jahre 1961/62 markieren deshalb den Anfang einer Periode, in der die transatlantischen Beziehungen, erstmals nach dem Zweiten Weltkrieg, durch einen kaum verhüllten Gegensatz geprägt sind, in Fragen der Sicherheitspolitik ebenso, wie in den persönlichen Beziehungen. Während die amerikanische und bundesdeutsche Führung sich in Alter, Umgangsart, politischen Zielen und Lebenserfahrung in den fünfziger Jahren kaum voneinander unterschied, hat sich mit der Kennedy-Administration der Regierungsstil und das politische Temperament seit Anfang der sechziger Jahre merkbar gewandelt. Plötzlich scheint die alte Kontinuität im deutsch-amerikanischen Verhältnis nicht mehr da zu sein, wodurch zwangsläufig auch der Stellenwert der "deutschen Frage" berührt ist.

Während es sicher zutrifft, daß die Deckungsgleichheit der deutschen und amerikanischen Interessen immer stärker abnimmt, liegt es dennoch mehr am greisen Kanzler, denn an Kennedy, wenn Bonn in der Deutschlandfrage international mehr und mehr isoliert wird. Theoretisch bleibt Washington zwar dem Ziel der Wiedervereinigung verpflichtet, das gemeinsame Interesse mit Moskau an einer Beruhigung Mitteleuropas setzt aber paradoxerweise gerade die Teilung Deutschlands als Hauptstabilisierungselement voraus. Nach der aufrüttelnden Erfahrung gegenseitiger Verwundbarkeit im atomaren Ernstfall scheint Amerika dieser Preis gerechtfertigter, als an einer überholten Eindämmungspolitik aus den Kindertagen des Kalten Krieges festzuhalten. Die Regel, den Kommunismus überall dort zu schlagen, wo man ihn antrifft, gilt nicht mehr.

Was die USA als Anpassung an die veränderten weltpolitischen Interessen einer Supermacht verstehen, empfindet Konrad Adenauer als Ausverkauf der deutschen Sache. Besonders fürchtet er die Rückwirkungen auf Bonns Außen- und Innenpolitik. Hatte er nicht erst vor ein paar Jahren, gegen alle Widersacher, die Westbindung und Wiederbewaffnung der Bundesrepublik mit dem Argument durchgedrückt, sie würden ganz Deutschland "die Freiheit" bringen? Wiedervereinigung durch eine "Politik der Stärke" im Schlepptau des großen Bruders USA, so sollte der "russische Bär" in die Knie und an den Verhandlungstisch gezwungen werden, um die DDR freizugeben und den Deutschen die nationale Einheit zu ermöglichen.

Reims: Ein neues Kapitel in den deutsch-französischen Beziehungen.

Ende 1962 hat sich Adenauers Plan, die Sowjetunion aus Ostdeutschland herauszudrohen als große Illusion erwiesen. Seine "Politik der Stärke" war eigentlich schon an der Betonmauer in Berlin zerschellt, im neuen Kurs der beiden Supermächte findet sie nun endgültig ihr Grabmal. Der Kalte Krieg hat eine neue Qualität. Weg von der direkten Konfrontation hin zum direkten Wettbewerb der politischen Systeme, in der Wirtschaft, in der Dritten Welt oder auch im Wettlauf zum Mond. Das Hauptproblem der späten Ära Adenauer ist, daß sie keine sinnvolle politische Perspektive auf die internationale Umwälzung der deutschen Frage sucht, sondern stattdessen völlig phantasielos auf "unveräußerlichen" Rechtspositionen beharrt, die sich immer weiter von der politischen Wirklichkeit entfernen.

Nach dem Debakel seiner Deutschlandpolitik sucht der Kanzler Hilfe und Unterstützung bei einer anderen Siegermacht des Zweiten Weltkriegs, mit der angeblich verläßlicher als mit Washington das dornige Hindernis der "deutschen Frage" überwunden werden kann: Frankreich. Da sich Adenauer ohnehin am liebsten an Persönlichkeiten orientiert, die er schon aus früheren Kontakten kennt, weiß er genau, worauf er sich mit Staatspräsident de Gaulle einläßt, zwei Männer aus dem 19. Jahrhundert, die ihre Völker nunmehr gemeinsam in die Zukunft führen wollen. In der Kathedrale von Reims, wo Frankreichs Könige sich einst krönen ließen, findet

Aussöhnung mit Frankreich - Adenauer und de Gaulle.

in einem großartig inszenierten "Akt der Harmonie" die neue deutsch-französiche Freundschaft im Sommer 1962 ihren Gründungsmythos. Nie zuvor und nie danach ist die Kraft geschichtlicher Erinnerung und die Macht der Gesten so genutzt worden, um Menschen für eine Idee zur gewinnen: Die alte Erbfeindschaft von Deutschen und Franzosen zu begraben!

Im Pariser Elysée-Palast wird im Januar 1963 der Akt von Reims nun auch formell bekräftigt. Die Unterzeichnung des deutsch-französischen Freundschaftsvertrags gilt als "Siegel der historischen Versöhnung".

So verdienstvoll besonders die aus dem Vertrag hervorgegangene Einrichtung des Deutsch-Französischen Jugendwerks auch ist, welche Vorteile bringt er eigentlich der Bundesrepublik?

Gedacht als ideelles und machtpolitisches Vehikel zur Lösung der "deutschen Frage" im Sinne einer noch stärkeren Einbettung Westdeutschlands in ein geeintes Europa, erweist sich der deutsch-französische Vertrag, kaum unterzeichnet, schon als Flop. Das liegt vor allem daran, daß er, anstatt die transatlantische Abhängigkeit der Bundesrepublik von den Vereinigten Staaten von Amerika zu respektieren, in scharfen Gegensatz zu ihr tritt. Der Grund dafür liegt auf der Hand: In Paris verfolgt man mit dem Vertrag außenpolitisch ganz andere Ziele als am Rhein.

Während es de Gaulle in erster Linie darum geht, mit Hilfe der Bundesrepublik Frankreichs Politik einer von den USA unabhängigen Großmacht abzustützen, fehlt Deutschland aber eben genau jener weltpolitische Status, mit dem allein Bonn als Partner Frankreichs gleichberechtigt wäre. Das Resultat ist ein Dilemma: In dem Maß, wie sich die europäische Zusammenarbeit durch die "Achse Bonn-Paris" von der transatlantischen Kooperation entfernt, gerät Bonns Politik in einen unlösbaren Zielkonflikt! Schon bald muß Adenauer sich entscheiden. Denn nicht nur in Washington wächst das Mißtrauen gegen den zunehmend unsicheren Kantonisten vom Rhein, auch aus Moskau muß sich Adenauer sagen lassen, er habe mit dem deutsch-französichen Vertrag nichts anderes als seine "Revanchegelüste" gegenüber der Sowjetunion im Auge.

Nicht nur ein Generationengegensatz - Adenauer und Kennedy.

Mit mißtrauischer Deutlichkeit stellt Kennedy Adenauer noch 1963 vor die Wahl, sich entweder hier und jetzt für Amerika oder für Frankreich zu entscheiden. Der Kanzler entscheidet sich für die USA. Der Deutsch-Französiche Vertrag kann die amerikanischen Sicherheitsgarantien nicht ersetzen. Um Kennedy zu beruhigen und gleichzeitig seine uneingeschränkte Unterstützung für West-Berlin als "Vorposten der Freiheit" bestätigt zu bekommen, lädt Adenauer John F. Kennedy Mitte '63 in die Bundesrepublik ein. Die Reise gerät zu einem wahren Triumphzug für den Präsidenten. Überall begegnen ihm die Menschen mit Zuneigung und spontaner Herzlichkeit. Besonders die eingeschlossenen Berliner jubeln Kennedy überschwenglich zu. Einen derartigen Vertrauensbeweis hat der Mann aus Boston nicht erwartet, und so erklärt er auf dem Höhepunkt seines Besuchs, tief bewegt, in einer Rede vor dem Schöneberger Rathaus: "Die Freiheit ist unteilbar. Und wenn auch nur ein einziger versklavt ist, dann sind alle unfrei. Wenn eines Tages einmal alle Menschen frei sind, dann dürfen wir uns auch auf den Tag freuen, an dem diese Stadt, Ihr Land und dieser große Kontinent Europa geeint sein werden

West-Berlin empfängt begeistert den amerikanischen Präsidenten.

Kennedy und der Regierende Bürgermeister von Berlin, Willy Brandt vor dem Schöneberger Rathaus. Unter unbeschreiblichem Jubel spricht Kennedy: "Ich bin ein Berliner."

in einer friedlichen und hoffnungsfrohen Welt. An jenem Tag, der sicherlich kommen wird, können die West-Berliner mit Befriedigung von sich sagen, daß sie fast zwei Jahrzehnte lang die Front gehalten haben. Alle freien Menschen, wo immer sie leben mögen, sind Bürger Berlins, und deshalb bin ich als freier Mann stolz darauf, sagen zu können: *'Ich bin ein Berliner'"*.

Kennedy erhält donnernden Applaus. Jene symbolische Geste ist der psychologisch warme Regen, auf den die Bürger in der "Frontstadt" lange vergeblich haben warten müssen.

Die Betonwand wird davon nicht durchlässiger. Bilanz der Mauer nach dreißig Monaten:

Länge: 15 km; Stacheldrahtsperren: 130 km; Wachtürme, Bunker und Schützenstellungen: 397; Grenztruppen: 14.000 Mann; Schußwaffengebrauch: 833 Mal; Festnahmen: 1798; Haftstrafen wegen Republikflucht: rund 6000 Jahre; Erschossene und Schwerverletzte: 86.

Zeitzeugen berichten:

Horst Osterheld, damals Referent im Bundeskanzleramt:
"Die Vorgänger von de Gaulle haben zwar auch versucht, mit uns gut auszukommen und wir haben es ja auch getan, aber keiner von denen hatte die Kraft, die Franzosen von ihrem furchtbaren Mißtrauen und ihrer Angst gegenüber den Deutschen zu befreien. Es wäre niemandem gelungen, die wirkliche Aussöhnung mit Deutschland zustandezubringen. Das brachte nur de Gaulle fertig. Und wie dieser Mann dann auch noch sagte: 'also mit den Deutschen, das geht in Ordnung, mit den Deutschen wollen wir's zusammen weiterversuchen', da sind die Franzosen fast ohne Bedenken ihm gefolgt und waren bereit, nun mit Deutschland wirklich eine Freundschaft zu beginnen und die hätte sogar noch sehr viel enger werden können, als sie bisher geworden ist."

Pierre Pflimlin, ehem. französischer Ministerpräsident:
"Ich bin überzeugt, daß beide, de Gaulle und Adenauer, in Reims gebetet haben; aufrichtig und nicht, um Theater zu spielen. Warum nur immer diese Skepsis? Glauben sie wirklich, daß Politik immer nur kühle Berechnung und juristische Diskussion ist - nichts anderes? Wir sahen die Kathedrale als ein Opfer des Ersten Weltkriegs und man hatte es als etwas wirklich Unverzeihliches empfunden, daß die Deutschen eine Kathedrale zerstört hatten und deswegen sollte die gemeinsame Pilgerfahrt nach Reims eben ein Zeichen setzen zur Überwindung eines Ressentiments, das in der französischen Volksseele noch steckengeblieben war."

Dean Rusk, damals US-Außenminister:
"Kennedys Berlin-Besuch war eine ganz außergewöhnliche Erfahrung für den Präsidenten. Der Platz vor dem Rathaus war überfüllt; Menschen, soweit das Auge blicken konnte. Ihre Reaktion auf Kennedys Rede war unbeschreiblich, ja eigentlich unfaßbar. Und ich fragte Konrad Adenauer am Abend: 'Was halten Sie von dem, was da heute passiert ist?' Der Kanzler sagte: 'Ich bin tief beunruhigt. Bedeutet das etwa, daß Deutschland wieder einem Hitler folgen würde?' Selbst der Präsident war anschließend der Meinung, daß er die Massen wohl zu stark emotionalisiert hatte. Trotzdem bin ich davon überzeugt, daß der Vorgang dem transatlantischen Verhältnis sehr genützt hat: Die Deutschen fühlten sich vom Westen nicht im Stich gelassen und wir haben uns unzweideutig zu unseren Sicherheitsverpflichtungen bekannt."

5. *Von Adenauer zu Erhard*

11. Oktober '63: Abschied von der Macht. Eine würdige halbe Stunde lang hört der siebenundachtzig Jahre alte Kanzler stehend und mit versteinertem Gesichtsausdruck die Lobrede des Bundestagspräsidenten an. Eugen Gerstenmaier: "Am 15. September 1949 haben Sie sich hier von Ihrem Abgeordnetensitz erhoben, um den Platz des Bundeskanzlers der Bundesrepublik Deutschland einzunehmen. Heute verlassen Sie ihn wieder mit einer geschicht-

Adenauer kann Ludwig Erhard nicht besonders leiden . . .

lichen Leistung, unbewegt und in Ehren. Damals standen Sie auf und traten vor das Haus. Heute steht der Deutsche Bundestag vor Ihnen auf, Herr Bundeskanzler, um für das deutsche Volk dankbar zu bekunden: Konrad Adenauer hat sich um das Vaterland verdient gemacht."

Schon vor dem Rücktritt des Stammvaters der zweiten deutschen Republik hatten ihn gravierende politische Fehler längst im Amt verschlissen. Der Dauerstreit im fünften Kabinett des Kanzlers lähmt zum Schluß jegliche Regierungsarbeit. Die Freien Demokraten, ohne die die CDU/CSU nicht regieren kann, hat deshalb den Wechsel im Palais Schaumburg erzwungen. Der Nachfolger steht, seit langem schon, bereit, sein Name: Ludwig Erhard, der Ingenieur des "Wirtschaftswunders". Kein anderer deutscher Politiker genießt Ende '63 im In- und Ausland, außer dem bisherigen Bundeskanzler, so hohes Ansehen, kein anderer hat so viele unbestrittene Verdienste vorzuweisen.

. . . er hat alles versucht, damit Erhard nicht Bundeskanzler wird. Vergeblich.

Der "Alte" im Ruhestand. Boccia ist seine Leidenschaft.

Was ist das für eine Republik, die Ludwig Erhard erbt?

Die Bilanz: Fast zwei Jahrzehnte Wiederaufbau; aus den Trümmern der zerstörten Städte hin zum Exportrekordland; die Bundesrepublik fest verankert in der westlichen Gemeinschaft, aber auch: die Hypothek der Teilung Deutschlands und wachsende Spannungen mit Frankreich und Amerika.

Die Erwartungen in Erhard als neuen Bundeskanzler sind hochgespannt: Viele junge Menschen glauben nach dem patriarchalischen Regiment des "Alten" an einen Aufbruch in politisch liberale Zeiten. "Otto Normalverbraucher" rechnet, ebenso wie die Wirtschaftsbosse, fest damit, daß der Aufschwung ungebrochen bleibt. Und die Dichter und Denker des Landes hoffen, daß dem Ende des rheinischen Provinzialismus nun eine weltoffenere Phase folgt.

Bald jedoch schon zeigt sich, daß die Barrieren für einen größeren politischen Bewegungsspielraum Bonns zu hoch und meist sogar selbstauferlegt sind. Das gilt ganz besonders für die Ost- und Deutschlandpolitik. Auch unter Erhard rückt Außenminister Gerhard Schröder zunächst nicht von der Hallstein-Doktrin ab, mit der die Bundesrepublik versucht, die DDR international zu isolieren.

". . . sowahr mir Gott helfe."

Nach ihm wird Bonns ostpolitische Doktrin benannt: Prof. Dr. Walter Hallstein.

Mit Entwicklungshilfe wird auch deutsch-deutsche Politik gemacht.

Bundesaußenminister Gerhard Schröder (1961-1966).

Jene Doktrin vertritt in ihrem Kern den Anspruch, daß allein Bonn dazu berechtigt sei, für das ganze deutsche Volk zu sprechen, solange die Nation geteilt ist. Die Formel existiert seit 1955. Damals, als Moskau mit beiden deutschen Staaten diplomatische Beziehungen aufgenommen hatte und somit zwei deutsche Botschafter in der Sowjetunion amtierten, befürchtete der Kanzler, dies könnte Modellcharakter für andere Staaten haben, die, wie die UdSSR, nach dem Zweiten Weltkrieg von zwei Staaten auf deutschem Boden ausgingen. Deshalb erklärt die Bundesregierung, sie werde ausnahmslos die diplomatischen Beziehungen zu allen Staaten abbrechen, die in der Zukunft die Regierung in Ost-Berlin anerkennen.

Fast ein Jahrzehnt hat Westdeutschlands ständig steigende Wirtschafts- und Militärmacht den Anspruch der Hallstein-Doktrin stützen können; im Herbst '64 steht sie plötzlich vor dem Offenbarungseid.

Hintergrund ist ein bis dahin gut geheimgehaltener Waffenhandel zwischen der Bundesrepublik und Israel, der durch eine Indiskretion auffliegt. Israels Erzfeind, Ägyptens Präsident Gamal Abd el Nasser, legt seinen Finger sofort auf Bonns wunden Punkt: Wenn, so erklärt er, die Munitions- und Waffenlieferungen an Israel nicht umgehend eingestellt würden, werde Ägypten die DDR diplomatisch anerkennen. Und um seiner Drohung Nachdruck zu verleihen, lädt er SED-Chef Walter Ulbricht zu einem offiziellen Besuch nach Kairo ein.

Der Kanzler handelt nach dem noch immer gültigen Rezept: Erhard teilt Präsident Nasser mit, daß die Bundesregierung Ulbrichts Visite am Nil als "unfreundlichen Akt" betrachte und darauf mit einer Sperrung der Wirtschaftshilfe an Ägypten reagieren werde. Gesagt - getan. Als Ulbricht im Febraur '65 in Ägypten eintrifft, verkündet Erhard das Ende der Wirtschaftsunterstützung und die Aufnahme diplomatischer Beziehungen mit Israel.

Der außenpolitische Flurschaden, der damit angerichtet wird, ist gewaltig: Alle arabischen Staaten, mit Ausnahme von Marokko, Libyen und Tunesien, brechen ihre diplomatischen Beziehungen zur Bundesrepublik ab. Zehn Jahre nach der Erfindung der Hallstein-Doktrin wird damit schlagartig bewiesen,

Bundespräsident Dr. Heinrich Lübke während eines Besuches in Guinea bei einer Ansprache in Maneah am 16.1. 1962.

wie stumpf das einzige Schwert Bonns geworden ist, von anderen Ländern "Wohlverhalten" in der deutschen Frage zu erzwingen.

Außer an der üblichen Anwendung der Hallstein-Doktrin hält die Bundesregierung Mitte der sechziger Jahre noch immer an einem zweiten unzeitgemäßen Instrument fest, das die deutsche Frage in ihrem Sinne offenhalten soll: Indem sie unbeirrt vom provisorischen Charakter der Oder-Neiße-Grenze ausgeht (die 1945 das Deutsche Reich um immerhin ein Viertel seines früheren Staatsgebietes verkleinert hat), gerät Bonn in einen unauflösbaren Widerspruch mit den politischen Realitäten Osteuropas und seinen eigenen Beteuerungen "zu einer echten Lockerung der Spannungen" an der Nahtstelle der Blöcke beizutragen. Die bloße Erklärung guten Willens, gekoppelt mit der Forderung nach Revision der deutschen Ostgrenze, kommt in Moskau und in Warschau nicht gut an, im Gegenteil: je länger und unbeugsamer man am Rhein die Existenz der Oder-Neiße-Grenze leugnet, um so mehr liefert man der Sowjetunion den Vorwand, sich als Garant der territorialen Unverletzbarkeit der DDR und Polens aufzuspielen, wodurch letzten Endes das eiserne Regiment des Kreml über seine Satelliten noch verstärkt wird. Kann Westdeutschland auf diese Weise ernsthaft hoffen, die Konsolidierung Ostdeutschlands aufzuhalten, ja, das verhaßte politische System in Ost-Berlin womöglich zu stürzen und damit zur Wiedervereinigung zu kommen?

Der oppositionellen SPD bietet Erhards Regierungsparole 'weitermachen wie bisher' die Möglichkeit, ein eigenes Konzept als Alternative zum fortgesetzten innerdeutschen Kalten Krieg vorzulegen. Seine theoretische Fundierung geht auf den Juli '63 zurück. Damals schon sprechen sich der Regierende Bürgermeister von Berlin Willy Brandt und sein Pressechef Egon Bahr vor dem Politischen Club der evangelischen Akademie in Tutzing für die Übertragung der neuen amerikanischen "Friedensstrategie" Präsident Kennedys aus. Da die bisherige Ostpolitik ihren Zweck einer "Eindämmung" des Kommunismus in der DDR verfehlt habe, sollten stattdessen verstärkte kulturelle, wirtschaftliche, politische und vor allem zwischenmenschliche Kontakte eine schrittweise Veränderung des östlichen Systems bewirken. Die beiden Berliner Sozialdemokraten gehen also davon aus, daß es "keine andere Aussicht auf die friedliche Wiedervereinigung unseres Volkes gibt, als den nicht erlahmenden Versuch, die Erstarrung der Fronten zwischen Ost und West aufzubrechen. Gerade weil das Deutschland-Problem so sehr in das Verhältnis zwischen Ost und West eingebettet ist, gibt es für uns keine Hoffnung, wenn es keinen Wandel gibt (...) Überlegungen der Menschlichkeit spielen hierfür eine größere Rolle als nationale Überlegungen (...) Die Frage ist, ob es nicht Möglichkeiten gibt..., daß auch die Auflockerung der Grenzen und der Mauer praktikabel wird, weil das Risiko erträglich ist. Das ist eine Politik, die man auf die Formel bringen könnte: "WANDEL DURCH ANNÄHERUNG".

Er prägt die Formel vom "Wandel durch Annäherung":
Egon Bahr.

Damit ist das Schlagwort für die alternative deutsche Ostpolitik geboren. Die gesellschafts- und parteipolitische Struktur zu ihrer Durchsetzung gewinnt die Bundesrepublik jedoch erst sechs Jahre später, als Willy Brandt Bundeskanzler wird. Bis dahin bleibt die Politik der Rechtsvorbehalte oberstes Gebot der Bonner Deutschlandpolitik. Sie endet 1969 - im völligen Bankrott der Wiedervereinigungsbemühungen.

Zeitzeugen berichten:

Denis Healey, damals britischer Verteidigungsminister:
"Ich glaube, daß der größte Stolperstein, der damals eine Bewegung in der deutschen Frage verhindert hat, die Position der Bundesregierung zur Oder-Neiße-Grenze war. Dadurch hatte es die Sowjetunion leicht, ganz Osteuropa unter Kontrolle zu halten. Denn sie konnte zum Beispiel den Polen oder Tschechen immer sagen: 'Seht her, Westdeutschland ist gefährlich, denn es macht bei der Friedlichen Koexistenz nicht mit.' Da blieb den östlichen Staaten wenig eigener Bewegungsspielraum übrig - genauso wie den Deutschen selbst. Mit der Hallstein-Doktrin war es im wesentlichen dasselbe. Sie half den Russen, ihren Machtbereich zu konsolidieren."

Valentin Koptelzew, sowjetischer Deutschlandexperte:
" Die osteuropäischen Staaten, einschließlich der Deutschen Demokratischen Republik - das war der Angelpunkt unseres Sicherheitskonzepts, das sich später dann als falsch erwiesen hat. Damals aber glaubten wir noch, daß mit dem Faustpfand DDR unser Sicherheitsbedürfnis am ehesten zu befriedigen war."

6. *Hammer und Zirkel*

Die Entwicklung und Politik der DDR in der Zeit nach dem Berliner Mauerbau ist nur zu verstehen, wenn man sich mit der Sozialistischen Einheitspartei als Instrument der sowjetischen Außenpolitik in Deutschland auseinandersetzt.

In den Augen der überwiegenden Mehrheit der Bevölkerung ist die SED nichts weiter, als der Spalter Deutschlands. Die wenigsten sind überzeugte Kommunisten. Trotz allem: Eine echte Alternative zum SED-Regime gibt es für die Menschen seit dem 13. August nicht mehr. Man muß mit dem Kommunismus leben und das heißt im Klartext, sich mit ihm arrangieren. Im Anblick der allgemeinen Lage bleibt gar nichts anderes übrig, als sich auf unbestimmte Dauer auf die SED einzurichten und entsprechend zu verhalten.

Die Einsicht, daß man nicht bis zum Sankt-Nimmerleinstag in Daueropposition zur politischen Führung leben kann, sondern stattdessen lieber den eigenen Lebensstandard lebt, setzt sich sehr schnell durch. Das deckt sich durchaus mit den Interessen des Regimes, das den Funktionsschwächen der DDR-Zentralverwaltungswirtschaft ab Ende '62 gezielt zu Leibe rücken will.

Auf dem VI. Parteitag im Januar '63 wird deshalb die große Kehrtwendung in der SED-Wirtschaftspolitik verkündet. Das "Neue ökonomische System" soll die "Volkseigenen Betriebe" modernisieren, rationalisieren und den einzelnen Arbeiter durch "kapitalistische Anreize" wie höhere Löhne und Prämien zu mehr Leistungen anspornen.

Selbstverständlich bleibt die zentrale Planung und Preisregulierung dabei fest in Händen der Partei. Die Wirtschaftsreform verfolgt zwei Ziele: Zum einen soll sie den Ausgleich zwischen politischer Führung und Gesellschaft einleiten, zum anderen im friedlichen Wettbewerb mit dem "Klassenfeind" nach einer kurzen wirtschaftlichen Aufholjagd doch noch die Überlegenheit des kommunistischen Systems beweisen.

Der neue Kurs entspricht ganz der seit der Kuba-

1,2 Millionen Passierscheine für West-Berliner. 28 Monate nach dem Mauerbau das erste Wiedersehen in der geteilten Stadt.

Krise deutlich gewordenen Tendenz des Kreml, sich in der Berlin- und Deutschlandfrage erst einmal zurückzuhalten. Zwar bemüht sich die SED weiterhin unverdrossen, international die Anerkennung ihres Staates durchzusetzen; national hat sie jedoch weitaus weniger Bewegungsspielraum als alle anderen Satelliten Moskaus. Der Grund liegt darin, daß in Ostdeutschland der kommunistische Herrschaftsbereich eben nicht, wie etwa in Bulgarien, Polen, Rumänien oder Ungarn, mit der NATION identisch ist, was an der Künstlichkeit des Staatsgebildes DDR liegt. Der andere deutsche Staat existiert allein von Moskaus Gnaden und bleibt deshalb in seinem inneren Wesen stets ein "Staat auf Abruf".

Kein Wunder also, wenn jede Veränderung im Ost-West-Verhältnis das Gefüge des SED-Regimes sofort im Mark berührt. Auf das enge Abhängigkeitsverhältnis Ost-Berlins von der Sowjetunion fällt nach Überwindung der Raketenkrise durch die Supermächte ein besonderes Schlaglicht. Die UdSSR muß die Rahmenbedingungen für ihre Politik in der "deutschen Frage" ändern: "Die Sicherung einer friedlichen Koexistenz der beiden deutschen Staaten angesichts der entstandenen realen Lage ist eine Aufgabe von Weltbedeutung", erklärt Chruschtschow auf dem VI. SED-Parteitag.

Kaum ein Vierteljahr, nachdem die Gefahr des Dritten Weltkriegs gebannt ist, schreibt der Kreml-Chef der Pankower Regierung damit ins Stammbuch, daß er eine Atempause in der Deutschlandpolitik will. In diesem Sinne ringt sich das SED-Regime Ende '63, wenn auch nur auf einem kleinen Teilgebiet, zu einer politischen Geste durch. Am 17. Dezember wird zwischen dem Senat in West-Berlin und der DDR ein "Passierscheinabkommen" getroffen, das, erstmals seit dem Mauerbau, mehr als einer Million West-Berlinern gestattet, ihre Verwandten

Am ersten Ausgabetag bildeten sich vor den Ausgabestellen lange Warteschlangen.

über Weihnachten und Neujahr im Ostsektor zu besuchen.

Um der drohenden Entfremdung der Menschen in der geteilten Stadt vorzubeugen, muß bei der Passierscheinregelung auch der von Willy Brandt geführte Senat über seinen eigenen Schatten springen. Er setzt sich damit nämlich eindeutig über Bonns Politik der Rechtsvorbehalte hinweg, deren Hauptanliegen ja darin besteht, den Alleinvertretungsanspruch der Bundesrepublik durchzusetzen und alle Abmachungen mit der Deutschen Demokratischen Republik zu vermeiden, die womöglich als Anerkennung des zweiten deutschen Staates angesehen werden können. Tatsächlich feiert die SED das Passierscheinabkommen als einen entscheidenden Erfolg ihrer (und Moskaus) sogenannter "Drei-Staaten-Theorie", die besagt, daß nicht nur DDR und BRD, sondern auch Berlin eine selbständige politische Einheit sei. Der Alleinvertretungsanspruch Bonns ist durch die zwischen Berliner Senat und DDR direkt geführten Verhandlungen eindeutig unterlaufen worden. Aber was besagt das?

Ist damit nicht erstmals der Beweis erbracht, daß die neuen "Philosophien" - WANDEL DURCH ANNÄHERUNG einerseits, FRIEDLICHE KOEXISTENZ andererseits funktionieren können, auch wenn sie, wie in diesem Fall, "nur" als Gebot der Menschlichkeit zusammengefunden haben?!

Der Abschluß eines Separat-Friedensvertrags zwischen der DDR und der Sowjetunion ist im Interesse einer international entschärften deutschen Frage 1964 auch endgültig vom Tisch. Ein "Freundschafts- und Beistandspakt" zwischen beiden Ländern schafft hier Ersatz.

Mit erstaunlicher Anpassungsfähigkeit versteht es Walter Ulbricht, die SED den veränderten "Sachzwängen" aus Moskau anzupassen. Verbunden mit einem innenpolitisch stark gebremsten Dogmatismus ist er die unbestrittene "Nummer Eins" der Führung. Seine Rolle und die der SED ändert sich jedoch schlagartig nach dem Sturz Nikita Chruschtschows. Schon Mitte 1965 lassen die Beschlüsse der KPdSU erkennen, daß Moskau die Rückkehr zur "Volksfrontpolitik" früherer Jahre wünscht, d.h. die

An einem Sektorenübergang für Fußgänger begegnen sich Ordnungshüter aus Ost und West.

Lange Schlangen auch an den Übergängen für PKW.

Aktionseinheit von Kommunisten und Sozialisten, um so das kapitalistische System von innen her zu unterwandern. Das bleibt nicht ohne Folgen für die Art und Weise, in der die SED zu Beginn der zweiten Hälfte der sechziger Jahre ihre Deutschlandpolitik betreibt. Ihre neue Taktik startet die SED mit einem "Offenen Brief" vom 7.2.'66 "an die Delegierten des Dortmunder Parteitags und alle Mitglieder und Freunde der SPD", in dem neben einem Redneraustausch "ein Gremium für die offene Aussprache der Deutschen aus Ost und West zu schaffen (ist), um endlich eine Bresche in die Barrieren zu schlagen, die den Weg zur Überwindung der deutschen Spaltung blockieren".

Das Angebot klingt verlockend. Doch für die SPD sind jene Zeiten, in denen der Marxismus noch als ideologisches Bindeglied zwischen Sozialdemokratie und Kommunismus bemüht werden konnte, längst vorbei. Im Godesberger Programm von 1959 hatte die SPD in schärfster Form Gegenposition zum Kommunismus bezogen und erklärt: "Die SPD lebt und wirkt im ganzen deutschen Volke. Sie steht zum Grundgesetz der Bundesrepublik Deutschland. In seinem Sinne erstrebt sie die Einheit Deutschlands in gesichter Freiheit. Die Spaltung Deutschlands bedroht den Frieden. Ihre Überwindung ist lebensnotwendig für das deutsche Volk. Erst in einem wiedervereinigten Deutschland wird das ganze Volk in freier Selbstbestimmung Inhalt und Form von Staat und Gesellschaft gestalten können."

Folgerichtig antwortet die SPD auf Ulbrichts Werben mit einer Abfuhr: "Für eine Zusammenarbeit der beiden Parteien SPD und SED fehlen alle Voraussetzungen. Für Volksfrontmanöver sind die Sozialdemokraten nicht zu haben. Wie soll denn in Deutschland offen und unbefangen dikutiert werden, wenn auf Menschen geschossen wird, weil sie aus dem durch Minenfelder, Mauer und Drahtverhaue abgetrennten Teil ihres deutschen Vaterlands ausbrechen wollen?"

Der Redneraustausch von SED und SPD soll dennoch zustandekommen. In einer solchen Auseinandersetzung will die Sozialdemokratische Partei ihre Chance nutzen, den Unrechtscharakter des DDR-Regimes gleichsam "vor seiner Haustür" zu entlarven. Genau dieses Risiko wird für den Führungsapparat der SED zum Schluß unkalkulierbar. Nach vier Monaten Hinhaltetaktik sagt Ost-Berlin den Redneraustausch ab. Also: Kein Blick "hinter die Kulissen"; keine Gelegenheit zur Beobachtung "vor Ort"; keine scharfen Diskussionen; keine harten Fragen; keine Begegnungen mit den Vertretern des anderen Systems.

Wiedersehen an der Oberbaumbrücke.

Zeitzeugen berichten:

Marion Gräfin Dönhoff, der angesehenen Publizistin aus Hamburg, war nur wenige Monate vorher noch die Möglichkeit gegeben worden, die DDR-Wirklichkeit mit deren eigenem Weltbild zu vergleichen:
"Für mich war das Erschreckendste: Daß wir

auf Schritt und Tritt einer von Grund auf verschiedenen Weltauffassung begegneten (...) Es war, als hätten wir es mit Bewohnern einer fernen Insel zu tun gehabt und nicht mit Angehörigen unseres Volkes, die doch die gleiche Geschichte durchlebt haben und dieselbe Sprache sprechen wie wir. Das Weltbild der Kommunisten ist so stark von den marxistischen Maximen geprägt, daß sie zwischen Vorstellung und Wirklichkeit nicht mehr zu unterscheiden vermögen. Sie sehen die Welt nicht so, wie sie ist, sondern so, wie sie nach Marx und Lenin sein müßte - und zwar bis in die Alltäglichkeiten hinein. Diese Fähigkeit gibt ihnen die angenehme Möglichkeit, bei sich selber alles im verklärenden Licht des zukünftigen Systems ewiger Gerechtigkeit zu erblicken (...) Das Dogma beherrscht dort jedes Gespräch und jede Lebensäußerung; es verstellt den Kommunisten den Zugang zur Wirklichkeit und macht die Verständigung mit ihnen so ungemein schwer."

Käthe Woltemath, Bürgerin aus Rostock: "Der unerträgliche Personenkult, gerade um Ulbricht zu seinem 70. Geburtstag, zeigte ja eigentlich auf, daß die SED in Wirklichkeit überhaupt nicht abgerückt war vom Stalinismus. Und wie soll in einem solchen Staat, in dem junge Menschen täglich mit Lügen derjenigen, die sie erziehen und die sie zu beeinflussen versuchen, konfrontiert werden, wie sollen sie dort ein Heimatgefühl entwickeln können? Hinzu kam ja, daß die bescheidenen Reisemöglichkeiten, die den Menschen gegeben wurden, alle, ohne Ausnahme, in die sogenannten Ostblockstaaten führten. Dort empfand der DDR-Bürger, daß er ein Mensch zweiter Klasse war, weil immer unterschieden wurde nach den Zahlungsmitteln, die jemand in seinem Portemonnaie mitführte. Und immer war's der westdeutsche Bruder und die westdeutsche Schwester - ich nehm diese Namen mal, die ich gar nicht mag - für die das gute Bier an dem Bruder aus dem Osten vorbeigetragen wurde, weil er nicht in der richtigen Währung zahlen konnte und, und, und... Es wurde doch überhaupt keine Möglichkeit außer Acht gelassen, ihm beizubringen, wie wenig er wert war. Und wenn sich dann bei den Menschen ein Trotz entwickelt hat, wir sind auch wer, wir sind auch jemand, und wir sparen jetzt und ackern, um auch 'n Wochenendhäuschen zu kriegen, und dies und das und jenes auf die Beine zu bringen für uns selbst - dann haben sie mit einer Verzweiflung gearbeitet unter den Produktionsbedingungen, die dort vorherrschend waren und sind zu wahren Meistern des Improvisierens geworden. Und das sind Dinge, die niemand honoriert, die bis heute niemand anerkennt.

Erste Begegnung.

KAPITEL II

WANDEL DURCH ANNÄHERUNG

1. Zeitenwende

Mit dem Namen Ludwig Erhards verbinden sich bis heute ganz bestimmte Begriffe und Slogans: "Wohlstand für alle", "Soziale Marktwirtschaft", "Wirtschaftswunder" und "Wir sind wieder wer".

Kein Zweifel: Auch 1966 ist die Bundesrepublik immer noch ein blühendes Wohlstandsparadies. Doch der hohe Lebensstandard und das Wirtschaftswachstum stoßen langsam aber sicher an ihre Grenzen. In nur zwölf Monaten, zwischen Mitte '66 und Mitte '67, steigt die Arbeitslosenzahl sprunghaft von 100.000 auf 400.000 an. Dies ist eine Folge von schrumpfenden Exporten, fallender Inlandsnachfrage und einer damit verbundenen sinkenden Investitionsbereitschaft der Unternehmer. Erstmals seit dem Zweiten Weltkrieg segelt die Wirtschaft in die Flaute. Ein Schreckenswort macht die Runde: Rezession.

Für die an scheinbar grenzenloses Wachstum gewöhnten Bundesbürger sitzt der Schock tief. Die

Bundeskanzler Dr. Ludwig Erhard stellt sein Kabinett dem Bundespräsidenten Dr. Heinrich Lübke vor.

Älteren ergreift die Furcht vor einer neuerlichen Wirtschaftskrise à la 1929. Viele Jüngere beginnen, das fast gläubige Vertrauen der Gesellschaft in die Allheilkraft der Sozialen Marktwirtschaft kritisch zu hinterfragen. In dieser Lage allgemeiner Verunsicherung mündet die erste große Wirtschaftskrise zwangsläufig in die erste große Regierungskrise der Bundesrepublik.

Auslösendes Moment ist das veränderte Wahlverhalten der Bürger, die mehrheitlich in der Sozialdemokratischen Partei nicht mehr das politische Gespenst sehen, sondern eine echte Alternative zur amtierenden Regierung. Der Vertrauenszuwachs für die SPD kommt am eindrucksvollsten in der von Bundeskanzler Erhard selbst mit beschwörenden Appellen an seine Wähler zur Testwahl hochgepuschten Landtagswahl in Nordrhein-Westfalen im Juli '66 zum Ausdruck. Erstmals wird die SPD im bevölkerungsreichsten Bundesland politisch stärkste Kraft. Als CDU und FDP bei der Wahl des Ministerpräsidenten die notwendige Mehrheit um eine Stimme verfehlen, kommt es zum bis dahin für undenkbar gehaltenen Wechsel der Freien Demokraten zur SPD als Koalitionspartner.

Nur drei Monate später stehen für die CDU/CSU die Zeichen auch in Bonn auf Sturm: FDP-Chef Erich Mende erklärt den Bundeshaushalt '67 zum Prüfstein der Zusammenarbeit mit den Unionsparteien. Es geht darum, Steuern zu erhöhen, oder aber wie die FDP es will, im Budget einzusparen. Schließlich treten die vier FDP-Minister von ihren Posten zurück. Damit ist der Eklat perfekt: Siebzehn Jahre christlich-liberale Regierungszusammenarbeit sind zu Ende!

Erhards Minderheitskabinett kann sich nur noch ein paar Wochen halten. Dann kommt auch für den "Vater des Wirtschaftswunders" der Abschied von der Macht. Ludwig Erhard, den sein Vorgänger Adenauer unter allen Umständen als Regierungschef hatte verhindern wollen, scheitert beileibe nicht nur an den Resultaten seiner Wirtschaftspolitik, die er als Bundeskanzler betrieben hat. Vor allem fehlt ihm in seiner eigenen Partei die feste Basis, eine "Hausmacht", mit der es z.B. der von "Spiegel - Affäre" und anderen fatalen Katastrophen gebeutelte CSU-Potentat Franz Josef Strauß stets verstanden hat, seine politische Überlebensfähigkeit zu sichern.

Am 30. November '66 tritt Erhard zurück. Seine Partei hat ihn fallengelassen. Verbittert nimmt er die Verabschiedung durch denselben Bundestagspräsidenten entgegen, der schon einmal, vor drei Jahren, um salbungsvolle Worte für seinen Vorgänger nicht verlegen war, Eugen Gerstenmaier:

"Die Politik kennt keinen Dank! Nun, dem Präsidenten dieses Hauses ist es in dieser Stunde eine Freude und eine Ehre, jener Resignation zu widersprechen. Weil wir groß denken, was Sie zum Wiederaufstieg Deutschlands beigetragen haben, und weil wir groß denken von Ihrer Redlichkeit, deshalb darf ich Ihnen, Herr Bundeskanzler außer Diensten, Dr. Erhard, in dieser Stunde den Dank des Deutschen Bundestages aussprechen."

In jenem Wendejahr '66 verliert die CDU/CSU nicht nur wirtschafts- und innenpolitisch, sondern auch in der Außen- und Deutschlandpolitik die Initiative an die SPD. Auf ihrem bereits erwähnten Dortmunder Parteitag überschreitet die Partei eine rubikonähnliche Grenze: Sie erklärt nicht nur ihre Bereitschaft zum Verzicht auf die Anwendung des Alleinvertretungsanspruchs, sondern fordert überdies Opfer in der Grenzfrage; d.h. eine Anerkennung der Oder-Neiße-Linie. Weiterhin stellt die SPD fest, daß sie eine "Politik der kleinen Schritte" zur behutsamen Erleichterung des Teilungsschicksals für wichtiger hält, als deklamatorische Forderungen nach seiner Überwindung. Außerdem bekennen sich die Sozialdemokraten dazu, dem bislang geltenden Grundsatz der Nichtanerkennung der DDR insoweit abzuschwören, als sie für die Zukunft ein "qualifiziertes, geregeltes und zeitlich begrenztes Nebeneinander der beiden (deutschen) Gebiete" anstreben.

Mit jenen programmatischen Aussagen rückt die

SPD nicht nur die "nationale Frage" wieder ganz in den Vordergrund der Diskussion, sondern flankiert sie auch noch durch gezielte diplomatische Strategien. Den Hebel hierfür bietet, wieder einmal, das sozialdemokratisch regierte West-Berlin. Durch Vermittlung des schwedischen Konsuls in Berlin kommt ein direkter Dialog zwischen dem Regierenden Bürgermeister Willy Brandt und Moskaus Statthalter in Ost-Berlin, Pjotr Abrassimow, zustande. Niemand von der Bonner Regierungsmannschaft erfährt, worum es bei den Kontakten eigentlich geht. Sicher scheint nur so viel, daß sich die SPD-Opposition nun Schritt für Schritt von der gemeinsamen Plattform in der Ost- und Deutschlandpolitik entfernt.

Die Führungsgarnitur der Union tut sich dagegen schwer, von den aus Adenauers Tagen überlieferten Positionen, Hallstein-Doktrin und Oder-Neiße-Grenze, Abschied zu nehmen und mehr Kreativität in der nationalen Frage zu entwickeln. Wohlgemerkt: Erhards Außenminister Gerhard Schröder schafft es zwar, die völlige Starre in der Ostpolitik zu überwinden; er bezieht freilich niemals das nach der Sowjetunion wichtigste Glied in der Kette, die DDR, mit ein. So macht Bonn zwar bescheidene Fortschritte auf handelspolitischem Gebiet mit Warschau, Sofia, Budapest und Bukarest, aber die nur bilateralen Kontakte von Regierung zu Regierung erweisen sich als untauglich, das traditionelle Hauptanliegen der Bonner Politik durchzusetzen, nämlich die DDR international zu isolieren. Das Schrödersche Konzept baut darauf, durch eine enge wirtschaftliche Verflechtung der Bundesrepublik mit den übrigen Ostblockländern den SED-Staat für die sozialistische Staatengemeinschaft entbehrlich zu machen. Obwohl dieser ost- und deutschlandpolitische Ansatz der Regierung Erhard bereits entschieden flexibler als noch zu Adenauers Zeiten ist, verfehlt er dennoch seine erhoffte Wirkung. Kein Wunder: Denn so realistisch Gerhard Schröders Auffassung auch ist, jeden Fortschritt in der deutschen Frage im größeren Zusammenhang einer politischen Entspannung zwischen Ost und West zu sehen, so unrealistisch ist doch seine Weigerung, die DDR in den europäischen Entspannungsprozeß mit einzubeziehen. Daran ändert auch das Versprechen einer "Auflockerung unserer Ostpolitik" nichts, das die Regierung am 25.3.66 mit einer sogenannten "Friedensnote" einlöst.

Den osteuropäischen Staaten wird darin immerhin der Austausch von Gewaltverzichtserklärungen vorgeschlagen. Allerdings hält Bonn unverändert daran fest, "daß Deutschland in den Grenzen vom 31. Dezember 1937 fortbesteht, solange nicht eine frei gewählte gesamtdeutsche Regierung andere Grenzen anerkennt". Die DDR bleibt als direkter Adressat der Friedensnote, wieder, ausgeschlossen.

Mit jener, in ihrem Kerngehalt nach wie vor unbeweglichen, Deutschlandpolitik wird die Union von der neuen SPD-Mobilität bald überrollt. Der Dortmunder Parteitag, Ulbrichts Vorschläge für einen Redneraustausch, Brandts Kontakte mit den Russen, aber auch neue Denkanstöße aus beiden Kirchen sowie von fortschrittlichen Repräsentanten der westdeutschen Publizistik werden plötzlich, ein halbes Jahrzehnt nach dem Mauerbau, zu dynamischen Hoffnungsträgern einer neuen "gesamtdeutschen Empfindung" quer durch alle Reihen der bundesrepublikanischen Bevölkerung.

Nach dem Zerfall der CDU/CSU- und FDP-Regierung eröffnet sich für die SPD die Chance, ihr neues ost- und deutschlandpolitisches Konzept in praktische Politik umzusetzen: Ende November '66 erklären sich die Sozialdemokraten zur Koalition mit der Union bereit. Erstmals in der Geschichte der Bundesrepublik kommt es damit zur Bildung einer "Superregierung". Ihr neuer Außenminister ist ein Sozialdemokrat. Sein Name: Willy Brandt. Damals schreibt er: "Für uns ist dies ein neuer Beginn. Wir werden in das neue Kapitel der deutschen Geschichte wesentlich neue Elemente einführen!"

2. *Das Super-Kabinett*

Obwohl die Große Koalition ein Regierungsexperiment mit höchst ungewissem Ausgang darstellt, sind die Startvoraussetzungen für das schwarz-rote Bündnis Ende '66 gar nicht schlecht. Die CDU präsentiert mit Kurt Georg Kiesinger einen Bundeskanzler, der sich weder in der Adenauer-Ära, noch während der Erhard-Episode abgenutzt hat, ein Mann aus der Provinz, dem der Ruf vorauseilt, früher gelegentlich sogar lautstark gegen den Starrsinn seiner Vorgänger in der CDU-Außen- und Deutschlandpolitik aufgemuckt zu haben.

Als Ministerpräsident von Baden- Württemberg hat sich Kiesinger unzweifelhafte Verdienste um die Stärkung der demokratischen Institutionen in der Bundesrepublik erworben und damit jeden Schatten seiner früheren Nazi-Parteimitgliedschaft erfolgreich abgestreift. Das macht ihn auch in den Augen der SPD hoffähig.

Nun also kommt Bewegung in die Bonner Ost- und Deutschlandpolitik, die zu einem tragenden Pfeiler im neuen Regierungsprogramm wird. Kernsatz der Regierungserklärung vom 13. Dezember '66: "Daß der Friede bewahrt werde, ist die Hoffnung aller Völker, und das deutsche Volk wünscht dies nicht weniger als die anderen. Darum ist der Wille zum Frieden und zur Verständigung der Völker das erste Wort und das Grundanliegen der Außenpolitik dieser Regierung."

Damit wird ein völlig neues ostpolitisches Konzept erkennbar: Während es in der Vergangenheit immer hieß, daß eine Entspannung in Europa erst dann möglich wäre, wenn auch die Ursache für die Spannung, nämlich Deutschlands Teilung, beseitigt sei, so lautet die neue Formel nun: erst wenn die Spaltung ganz Europas überwunden ist, ist auch Deutschlands Spaltung überwunden. Für die künftige Bonner Politik heißt das: Alles, was eine gesamteuropäische Zusammenarbeit und Friedens-

Das Superkabinett tagt auch schon mal im Freien.

Verbündete auf Zeit: Kanzler Kiesinger und Außenminister Willy Brandt.

Gustav Heinemann ging als "Bürgerpräsident" in die Geschichte ein, hatte jedoch in Wirklichkeit mit solcher Nähe seine Schwierigkeiten.

ordnung fördert, kann für Deutschland nur nützlich sein. Die Wiedervereinigung steht folglich nicht mehr am Anfang, sondern erst am Ende eines geduldigen Prozesses der Verständigung zwischen Ost und West.

Als erste Geste guten Willens erneuert Bundeskanzler Kiesinger den schon von Erhard den Ostblockstaaten angebotenen Gewaltverzicht. Ausdrücklich wird jetzt aber darin auch "das ungelöste Problem der deutschen Teilung", also die DDR, miteinbezogen.

Bonns Loslösung von den alten formaljuristischen Fesseln und Fiktionen wird überall im Westen als echter Beitrag zur Entspannung und als längst überfällige Hinwendung zum Realismus begrüßt. Moskau bleibt skeptisch, und die DDR wittert in der neuen Politik gar einen "Trick der Bonner Revanchisten".

Trotz alledem hat die neue Ostpolitik einen glücklichen Start: Die Aufnahme diplomatischer Beziehungen mit Rumänien im Januar '67 erscheint vielen als langersehnter Durchbruch in den erstarrten Fronten zwischen der Bundesrepublik und Osteuropa.

So sieht es offensichtlich auch die SED. Auf einer Tagung der kommunistischen Parteien im April macht Walter Ulbricht nun massiv Front gegen die Annäherungspolitik der Großen Koalition. Er beschwert sich bei seinen ideologischen Glaubensbrüdern bitter über die mangelnde Solidarität und verlangt, mit Moskaus Unterstützung, einen noch engeren Schulterschluß zwischen den Verbündeten in Sachen DDR-Westpolitik. Das Resultat ist paradox: während Bonn endlich so weit ist, die Hallstein-Doktrin über Bord zu werfen, schafft es Ulbricht, im Ostblock die Umkehrung derselben durchzusetzen, d.h. den weiteren Ausbau der östlichen Beziehungen zur Bundesrepublik von Bonns Bereitschaft abhängig zu machen, erstens: die DDR

Die Geschichte vom bösen Friederich mal anders . . ..

völkerrechtlich anzuerkennen und zweitens: die nach dem Zweiten Weltkrieg in Europa gewachsenen Grenzen zu garantieren.

Auf eine derartige Breitseite gegen ihren neuen Kurs ist die Bundesregierung offensichtlich nicht gefaßt. Ulbrichts Einfluß im östlichen Lager hat sie klar unterschätzt. Es kommt noch viel schlimmer. In seiner neuen Verfassung von 1967 stellt der SED-Staat in Artikel 1 fest: "Die Deutsche Demokratische Republik ist ein sozialistischer Staat deutscher Nation". - Was soll das auf einmal bedeuten?

Solange Bonn eine starr gegen die DDR gerichtete Politik verfolgt hat, konnte sich die SED als Gralshüterin der Entspannungspolitik aufspielen. Die sehr viel beweglichere Deutschlandpolitik der Großen Koalition bringt die SED jedoch in Schwierigkeiten. Weil sie nicht ernsthaft an einer innerdeutschen Entkrampfung interessiert ist, muß sie ihren deutschlandpolitischen Kurs im umgekehrten Verhältnis zum Entspannungskurs der Bonner Regierung ändern. Dafür ist das Regime sogar bereit, sein bis dato erklärtermaßen höchstes Verfassungsgut zu opfern: Den gesamtdeutschen Passus der DDR-Verfassung. Künftig heißt es deshalb nicht mehr: "Deutschland ist eine unteilbare demokratische Republik". Jetzt heißt es also, daß die DDR ein eigener Nationalstaat sei. Dadurch aber wird die nationale Idee ganz bewußt verbogen. Zugespitzt gesagt: An Stelle des historisch gewachsenen "deutschen Vaterlands" wird plötzlich ein von der Ideologie Marx' und Engels' her begründetes "sozialistisches Vaterland" gesetzt.

. . . derböse Ulbericht.

Jener geballte Katalog von Maximalforderungen droht der im wesentlichen von Außenminister Willy Brandt und seinem gesamtdeutschen Minister Herbert Wehner forcierten Annäherungspolitik das Wasser abzugraben. Zwar kommt es noch zur Wiederaufnahme der zehn Jahre zuvor unter Berufung auf die Hallstein-Doktrin mit Jugoslawien abgebrochenen diplomatischen Beziehungen und zu einem Austausch von Handelsmissionen mit der Tschechoslowakei, alle weiteren Entspannungsbemühungen Bonns scheitern indes an der von Moskau und Ost-Berlin willkürlich hochgesetzten Meßlatte unerfüllbarer Vorbedingungen.

Der SED-Führung fällt es schwer, ihren merkwürdig gestiegenen "sozialistischen Solidaritätsbedarf" bei gleichzeitig verändertem Staatsverständnis den DDR-Deutschen zu vermitteln. Auch bei ihnen sind die Erwartungen in Richtung einer innerdeutschen Entspannung ebenso hoch gestiegen wie bei den Bundesbürgern.

Wie also kann den Menschen zwischen Rostock und Erfurt plausibel gemacht werden, daß eine Ost-Berliner Beteiligung am mühsamen Entspannungs-Geschäft nur über eine Lösung des Souveränitätsproblems der DDR in Frage kommt?

Im Mai '67 geht der DDR-Ministerrat dazu in die Propagandaoffensive: Sein Vorsitzender Willy Stoph

Der fliegende Robert schickt seinen Bruder Willy. . .

lädt den Bonner Regierungschef in einem Brief zur unverzüglichen Aufnahme von Verhandlungen über einen grundsätzlichen Wandel der deutsch-deutschen Beziehungen nach Ost-Berlin ein. Zur Verblüffung der SED-Oberen geht das Schreiben diesmal nicht, wie bislang üblich, ungeöffnet an den Absender zurück, sondern wird, erstmals seit Gründung beider deutscher Staaten, vom Bundeskanzler selbst beantwortet.

Kiesinger schlägt vor, durch Regierungsbeauftragte beider Seiten und ohne politische Vorbedingungen Gespräche über praktische Verbesserungen des Zusammenlebens zu beginnen. Der von Stoph verlangten völkerrechtlichen Anerkennung der "real existierenden Deutschen Demokratischen Republik" hält der Bundeskanzler entgegen, daß die Deutschen ein Volk seien und dies auch bleiben wollen.

Stophs instinktsichere Witterung, daß sich die Große Koalition niemals auf eine Gefährdung der Nation einlassen würde, führt schließlich zum Rückzug der SED hinter ihren sorgfältig gezogenen Zaun meterhoher Vorbedingungen. Vor diesem Hintergrund ist es deshalb kaum überraschend, wenn der Briefwechsel Kiesinger - Stoph in den folgenden Monaten immer polemischer ausfällt und im September '67 von DDR-Seite schließlich ganz abgebrochen wird. Die SED-Führung hat damit zwei Ziele erreicht: Zum einen hat sie publikumswirksam und mit großem Theaterdonner für jedermann sichtbar "Entspannungsbereitschaft" demonstriert; zum anderen kann sie nach dem Abbruch der ersten innerdeutschen Regierungskontakte lautstark erklären: "Bonn ist der Bremser".

Die auf den ersten Blick verwirrenden neuen Akzente der SED-Deutschlandpropaganda haben im Grunde eine logische Ursache: Sie spiegeln die Reaktion der SED-Führung auf die Entmachtung Nikita Chruschtschows und die anschließende Neuordnung der Beziehungen zwischen DDR und UdSSR nach der Wahl Leonid Breschnews zum sowjetischen KP-Chef wider. Mit Blick auf Breschnews Forderung, "die im Herzen Europas entstandene Lage anzuerkennen und von der für jeden offensichtlichen Tatsache auszugehen, daß es zwei deutsche Staaten gibt", folgt die SED-Deutschlandpolitik als Werkzeug und Anhängsel der sowjetischen Außenpolitik lediglich dem neuen Hauptziel Moskaus, in der Auseinandersetzung mit dem kapitalistischen Lager, die "volle Anerkennung der Deutschen Demokratischen Republik" durchzusetzen. Einzig diesem Zweck dient die SED-Initiative, mit Hilfe der östlichen Bruderparteien (offizielle Losung: "proletarischer Internationalismus") einen Stop des europäischen Entspannungskurses durchzusetzen, dabei aber gleichzeitig eine Taktik zu verfolgen, die Bonn der "Entspannungsfeindlichkeit entlarvt". Als neuralgischen Punkt der CDU/

CSU - SPD Regierungskoalition hat Ost-Berlin treffsicher die "nationale Frage" ausgemacht und Bonns zu erwartende Weigerung ihrer Gefährdung eiskalt ins Kalkül miteinbezogen.

Rückblickend muß man festhalten, daß das SED-Konzept einer "neuen", im Grunde jedoch feindseligen Westpolitik, enorme Risiken für die Einheitsfront der DDR mit den anderen Oststaaten mit sich gebracht hat. Denn wer, wie Ulbricht, mit seiner umgekehrten Hallstein-Doktrin die kommunistischen Nachbarländer unter Druck setzt, erst nach Anerkennung der DDR durch die Bundesrepublik mit Bonn diplomatische Beziehungen aufzunehmen, muß selbst tunlichst alles unterlassen, was zur äußeren Schwächung jenes "proletarischen Internationalismus" beitragen könnte, und das trotz einer vielversprechenden politischen Neuentwicklung im Sozialismus: dem sogenannten "Prager Frühling".

Fünfzehn lange Jahre hatte auf der Prager Burg, dem Hradschin, Antonin Novotny als tschechoslowakischer Präsident und erster Sekretär der kommunistischen Partei die ganze Macht im Staat auf sich vereinigt.

Die Niederschlagung des "PragerFrühlings".

Eine völlig desolate Wirtschaft, gravierende Versorgungsmängel, dazu politische Verfolgung, Unterdrückung der kritischen Intelligenz, verkrustete Strukturen im Parteiapparat und der Dauerstreit zwischen Tschechen und Slowaken lassen 1967 innerhalb der KPC einen Druck entstehen, der Anfang '68 einen bemerkenswerten Wechsel in der Führung auslöst.

Erster Sekretär des Zentralkomitees wird der slowakische KP-Chef Alexander Dubcek. Er holt Reformer in die Regierung, die das Land aus der Misere führen sollen, und zwar durch radikale Demokratisierung. Zum ersten Mal in der Geschichte wird damit die Zentrale einer östlichen kommunistischen Partei zum Hort der Hoffnung auf mehr Freiheit.

Ein Vierteljahr beobachten die sozialistischen Bruderstaaten mißtrauisch die Liberalisierung in der Tschechoslowakei. Dann erheben sechs von ihnen erstmals mit scharfen Worten Einspruch gegen den Sonderweg der CSSR. Interessant ist in diesem Zusammenhang besonders die Argumentation der DDR: Das sozialistische Lager müsse, so Ost-Berlin, angesichts eines "ständig wachsenden westdeutschen Militarismus" unbedingt zusammenrücken.

Anfang Mai '68 treffen sich die Parteichefs der fünf mächtigsten kommunistischen Nachbarländer der Tschechoslowakei zu einer Konferenz im Kreml. Unter der Leitung von Leonid Breschnew erörtern Walter Ulbricht (DDR), Todor Schiwkoff (Bulgarien), Wladislaw Gomulka (Polen) und Janos Kadar (Ungarn) die Entwicklung.

Wieder tritt SED-Chef Ulbricht als Scharfmacher gegen das, wie er meint, für alle herrschenden kommunistischen Parteien "gefährliche Experiment" des Alexander Dubcek auf. Ulbricht fürchtet, daß der tschechische Reform-Bazillus auch die DDR-Bevölkerung befallen könnte, die ohnehin den momentanen harten Kurs der Führung nicht begreift und sich nichts mehr herbeiwünscht, als endlich den Schatten Stalins abzuschütteln.

Kurz nach der Aussprache im Kreml eröffnet die sowjetische Presse eine umfassende Kampagne gegen

Die Volksarmee der DDR beteiligt sich an dem Einmarsch in die CSSR.

die CSSR. Darin ist von der "Unterwanderung des sozialistischen Systems" die Rede und von "Untermauerungen durch Drahtzieher des Imperialismus aus der BRD und den USA". Im nächsten Schritt fordert das Regierungsblatt "Isvestija" der KPdSU kompromißlos von der tschechischen KP:

1) Die Partei behält die führende Rolle im Staat.
2) Keine nichtkommunistische Opposition.
3) Absolute Bündnistreue.

Aus diesen drei Punkten macht Breschnew kurzerhand ein handfestes Ultimatum: Sollten die tschechischen Reformer seine Forderungen nicht erfüllen, dann müßten sie die Konsequenzen tragen. Die werden schnell und blutig präsentiert: Am 21. August 1968 marschieren Truppen des Warschauer Paktes ein, um dem "gefährlichen Experiment" mit Freiheit und Gerechtigkeit ein Ende zu bereiten.

Auch Einheiten der NVA der DDR nahmen am Einmarsch teil. Zum zweiten Mal nach dreißig Jahren haben sich wieder deutsche Soldaten an einem Überfall auf die Tschechoslowakei beteiligt, diesmal sogar als "Bruderstaat".

Welche Bedeutung hat das "Aus" des revolutionären Traums in Prag?

Moskau ist klargeworden, daß der Zusammenhalt des Ostblocks im Zeichen der Entspannung kaum aufrechtzuerhalten ist. Für die SED-Führung ist diese Einsicht überlebenswichtig! Sie weiß sehr genau, daß im Ernstfall wirklich nur die Panzer des Kreml ihre Herrschaft über Ostdeutschland retten können. Zwei Jahrzehnte wird es noch dauern, bis in Moskau endlich ein Mann die Richtlinien der Politik bestimmt, dessen Pläne und Ideen gar nicht so verschieden von dem sind, was die Reformer in Prag schon 1968 wollten: Michail Gorbatschow und seine Perestroika.

Nach der Besetzung der Tschechoslowakei zerbröckelt die Große Koalition in Bonn vornehmlich an einem Streit: Hat sich die "neue Ostpolitik" überhaupt in irgendwelchen Vorteilen niedergeschlagen, die die Aufgabe der alten Positionen im Nachhinein rechtfertigen?

Kurt Georg Kiesinger hält die Ostpolitik jedenfalls für gescheitert. Mit Rücksicht nicht zuletzt auf das nationalkonservative Wählerpotential einschließlich der immer noch einflußreichen Vertriebenenverbände fällt die Union im Vorfeld der 1969er Bundestagswahlen nun wieder in ostpolitische Argumentationsschemata der fünfziger Jahre zurück. Demgegenüber vertritt die SPD die Meinung, daß der Welt spätestens nach Prag nicht nur ganz deutlich geworden ist, welches der beiden Deutschlands den Entspannungsprozeß behindert und welches ihn fördert, sondern daß vor allem die Sowjetunion erstmals vor aller Augen sichtbar die Initiative gegenüber dem Westen verloren hat, wenn sie nicht mehr als Panzer gegen die Freiheit zu setzen hat. Schlußfolgerung der SPD: Die neue Ostpolitik ist per Saldo ein Erfolg.

Das letzte Wort zum künftigen Kurs der Bonner Ost- und Deutschlandpolitik hat im Herbst '69 der Wähler. Die SPD führt den Wahlkampf offensiv, unter dem Markenzeichen der "neuen Ostpolitik". Die FDP, lange Zeit der Bündnispartner der Union, rückt immer näher an die Position der SPD. Bei der Wahl des Bundespräsidenten hat sie bereits im März des Jahres zum ersten Mal mit den Sozialdemokra-

Strahlende Wahlsieger: Willy Brandt und Walter Scheel.

Proteste und Demonstrationen . . .

ten gestimmt, als nicht Gerhard Schröder, sondern Gustav Heinemann das Rennen macht. Aus jener Stimmenaddition von SPD und FDP entwickelt sich der Machtwechsel der Bundestagswahl '69. Das Ergebnis: CDU und CSU verlieren, Sozial- und Freie Demokraten verfügen über eine dünne Mehrheit. Damit erhält die SPD erstmals die Chance, den Bundeskanzler zu stellen und die Karten in der Wiedervereinigungspolitik neu zu mischen. Viel Substanz zur Lösung der "deutschen Frage" ist ja Ende '69 nicht mehr übrig - es sei denn: Die "Deutsche Nation"!

3. *Aufbruch*

Im "Machtwechseljahr" 1969 ist der Union nicht nur der außenpolitische Pfeiler endgültig weggeknickt, der ihren politischen Führungsanspruch noch während der Ära Adenauer so fest gestützt hatte, auch den durch Ludwig Erhards "Wirtschaftswunder" lange unbestritten gebliebenen finanz- und wirtschaftspolitischen Kompetenzvorsprung hat die SPD mittlerweile aufgeholt.

Dazu kommt ein bedeutsamer gesellschaftlicher Wandel, der vor allem bei der mittlerweile erwachsen gewordenen ersten Nachkriegsgeneration die Vorstellung einer bis in ihr Innerstes erneuerungsbedürftigen Bundesrepublik erkennen läßt. Daß man wieder wer ist, der Lebensstandard kräftig gestiegen ist, die 5-Tage-Woche mit 40 Arbeitsstunden, Mindesturlaubsanspruch und Urlaubsgeldregelung eingeführt ist; all die früher so heiß herbeigesehnte Stabilität und Sicherheit, sie ist Ende der sechziger Jahre längst "normal".

Insgesamt wächst damit in der westdeutschen Bevölkerung die Neigung, mit dem Erreichten im Rücken einerseits neue Herausforderungen anzunehmen, andererseits mit allem Alten, Unmodernen und Verdrängten der Nachkriegszeit gründlich aufzuräumen.

Der Umbruch in der Gesellschaft bringt jede

. . . gegen Amerikas Vietnamkrieg . . .

. . . als SPD-Mitglied . . .

Menge neuer Schlagwörter, Protagonisten und Gegenstände hervor, die, zusammengenommen, deutlich Auskunft über den neuen Zeitgeist und seine Stoßrichtung geben: “Protest gegen ein inhaltsloses Leben, ohne ein Ziel. Diese fehlende Zielhaftigkeit, die Mangelkrankheit an Sinn führen dazu, daß ein Zustand erreicht wird, der unmenschlich ist”. (Ernst Bloch).

Das herausragende Schlagwort der “kulturellen Auferstehung” lautet: “Swinging” oder “roaring sixties”. Ihre Symbole: Die vier Liverpooler Pilzköpfe “The Beatles” und die Gruppen “The Who” und “Rolling Stones”. Der ungeheure Erfolg dieser drei Rockbands gründet in der neuen “message”, einer durch nonkonformistische Musik, Modestil, Sprache und Verhaltensweisen ausgedrückten Rebellion der Jugend gegen alles bürgerlich Erstarrte. Die Eltern sind geschockt. Ihr vorwiegend traditionell-konservatives Gesellschaftsbild gerät durch “Hippies”, “Rocker”, “Teds”, “Mods” und “Popper” aus den Fugen; sorgsam gepflegte preußische Tugenden wie Pflicht, Gehorsam, Sittsamkeit verlieren an Überzeugungskraft.

Die zunächst vorherrschende Tendenz zur bloßen Abkehr von der Gesellschaft erfährt jedoch schon bald eine Wandlung. Anstoß dafür ist die von Amerika ausgehende Studentenbewegung. Ihr geht es nicht mehr nur um eine Zwänge und Formen lockernde gesellschaftliche Gegenkultur, sondern um eine alle Lebensbereiche einschließende gesamtgesellschaftliche Veränderung. Die Provokation des Establishments beschränkt sich nicht mehr nur auf “Selbstverwirklichung” und “Selbstbefreiung” als Abgrenzung von der Väter-Generation, nein, während die Große Koalition als bloße Verwalterin einer nur-noch-Proporz-Demokratie in Bonn vereidigt wird, formiert sich in den Universitäten die “außerparlamentarische Opposition”, die nichts weniger “als radikale Systemveränderung” auf ihre Fahnen schreibt.

Die politisch-ideologischen Überzeugungen der vorwiegend von Studenten, Professoren, Pfarrern,

... gegen den Besuch des Schah ...

Gewerkschaftern und Schriftstellern getragenen APO orientieren sich 1967 zumeist noch sehr weit links von den Vorstellungen einer "Neuen Mitte" des sozialdemokratischen Vordenkers Willy Brandt.

Die erste Kraftprobe zwischen der APO und der bis dahin kaum jemals ernsthaft herausgeforderten Staatsgewalt bahnt sich beim Besuch des persischen Schahs Reza Pahlevi in der Bundesrepublik an.

Die mit allem erdenklichen Pomp zelebrierte Visite des als Inbegriff von Unterdrückung und Gewaltanwendung geltenden Diktators wird von großen Teilen der politisierten Studentenschaft als Provokation empfunden.

In einer Zeit, in der der "Wesensgehalt" des parlamentarisch-demokratischen Rechtsstaats, alte Überzeugungen, Bekenntnisse und Sitten rigoros auf den Prüfstand der Wirklichkeit gehoben und durch antiautoritäres Verhalten konterkariert werden, entfachen der absolutistische Monarch und seine regimetreuen iranischen Schlägertrupps wahre Proteststürme. Während die Regenbogenpresse ihren Lesern "exklusive" Bilder aus dem "Innersten" des "sagenhaften Pfauenthrons" präsentiert, die Lieblingskaiserin eines von Lou van Burg verwöhnten Publikums huldvoll in die Fernsehkameras lächelt und der sauerländische Bundespräsident Heinrich Lübke eine Woche lang in Ehrerbietung erstarrt, gehen die Studenten auf die Straße. Dann passiert es: Der Student Benno Ohnesorg wird im Verlauf einer turbulenten Demonstration von einem Polizisten erschossen.

Die entsetzliche Tragödie am West-Berliner Opernhaus verleiht dem rebellierenden Hochschulgeist enorme Schubkraft. Im Kampf gegen die Notstandspläne der Regierung setzt sich der außerparlamentarische Protest fort.

Die Notstandsgesetze sollen dem Staat mehr Machtfülle zur Abwehr einer "inneren oder äußeren Bedrohung" verschaffen. Wie aber definiert man eine solche Bedrohung? Daran scheiden sich die Geister! Zählt etwa ein Streik in wichtigen Schlüsselindustrien schon dazu? Für die Kritiker steht fest: Hier handelt es sich um ein "Ermächtigungsgesetz" für den Staat, das in wichtige demokratische Grundrechte des Einzelnen eingreifen will.

Der Protest ist, teilweise wenigstens, erfolgreich.

... gegen die Bildungsmisere ...

Auch wenn er die Notstandsgesetze nicht völlig verhindern kann, so bewirkt er doch eine wichtige rechtliche Einschränkung ihrer Mißbrauchsmöglichkeiten.

Nach diesem neuerlichen "basisdemokratischen" Erfolg, wächst der APO-Einfluß auf die deutsche Innenpolitik beträchtlich und legt den Finger prompt auf weitere Wunden des parlamentarisch-demokratischen Systems. Stichworte in diesem Zusammenhang sind "Bildungsmisere" und "Vietnamkrieg". Die Fernsehbilder vom beharrlichen Versuch der Supermacht Amerika, Vietnam "in die Steinzeit zurückzubomben" (General Curtis LeMay) und dazu mit "agent orange" und mit Napalm zu überziehen, wecken erstmals Zweifel an den USA als Westdeutschlands Schutzmacht und Garant von Freiheit und Menschenwürde.

Anfang 1968 nehmen die Studentenunruhen massiv zu. Mittlerweile kennzeichnen sie jedoch nicht nur das innenpolitische Leben in der Bundesrepublik, sondern auch in Frankreich, Spanien und in Japan. Während der Ostertage '68 nehmen die

. . . und gegen die Notstandsgesetze.

"Kopf" der Apo: Studentenführer Rudi Dutschke.

Vorstellung des neuen Kabinetts vom 22.10.1969.

Proteste die Dimension einer regelrechten Revolte an: Am 11. April, Gründonnerstag, wird der Studentenführer Rudi Dutschke durch drei Schüsse auf dem Berliner Kurfürstendamm lebensgefährlich verletzt. Am Karfreitag ruft Bundeskanzler Kiesinger die "demokratischen Kräfte" auf, "alles zu unternehmen, um eine Serie von wechselseitigen Gewalttätigkeiten zu verhindern". Ohne Erfolg. Am Osterwochenende 1968 setzt eine Demonstrationswelle ein, die das politische System der Bundesrepublik in ihren Grundfesten erschüttert. Vor dem Springer-Verlagshaus in der Berliner Kochstraße spielen sich regelrechte Straßenkämpfe ab. "Nur in einer ganz bestimmten Atmosphäre ist politischer Mord denkbar. Axel Springer ist einer der Hauptverantwortlichen für die Verpestung des politischen Klimas in der Bundesrepublik und West-Berlin", erklärt der "Sozialistische Deutsche Studentenbund" SDS. Nur ein riesiges Aufgebot an Polizei, Feuerwehr und Wasserwerfern kann das Verlagsgebäude schützen. Autos werden umgestürzt, Fensterscheiben klirren, Brände werden gelegt. Ein wahrer Hexenkessel.

Die Protestaktionen greifen rasch auf zahlreiche andere deutsche Städte über. Überall werden die Springer-Häuser belagert. Es herrscht Revolutionsatmosphäre. Der Staat garantiert die Auslieferung der Springer-Tageszeitungen, und hält durch. Die klassischen Merkmale der Demokratie: Informations- und Meinungsfreiheit, Kritik, Pluralität, Opposition und Toleranz gegenüber dem Andersdenkenden, werden dadurch zwar formal gewahrt, zugleich aber ist klar: Die außerparlamentarische Opposition kann nur durch einschneidende gesellschaftspolitische Reformen beendet werden.

Die Koalition der linken Mitte erhält dazu im Herbst '69 den Wählerauftrag. Einen radikalen revolutionären Neuanfang hat Bundeskanzler Willy Brandt dabei freilich nicht im Sinn. Weiterentwicklung des Systems durch Wirklichkeitssinn und reformerisches Augenmaß lautet seine Devise, nicht Systemveränderung und Umsturz. Die neue Ära beginnt am 21. Oktober '69.

4. Der Weg in die Verträge

Für das angestrebte Reformwerk sind die Sozialdemokraten auf die Liberalen angewiesen. Unter ihrem Parteichef Walter Scheel hat die FDP in der Opposition den zum Regierungswechsel nötigen Richtungswechsel von einer rechts- bzw. nationalliberalen Partei hin zur linken Mitte in kaum mehr als zwei Jahren vollzogen.

Für die nun beginnende Phase der Bundesrepublik wirkt sich ein weiterer Faktor positiv aus: Nie zuvor ist das politische Zusammenwirken zwischen einem Bundeskanzler und seinem Stellvertreter enger und vertrauter gewesen als zwischen Willy Brandt und Walter Scheel. In der von Umbruchs-Hoffnung, aber auch Angst geprägten Stimmung unmittelbar vor Ablauf eines weltpolitisch, wie deutschland- und gesellschaftspolitisch so turbulent verlaufenen Jahrzehnts, bildet eine stabile, von Opportunismus und Argwohn weitgehend freie Regierungsarbeit überhaupt erst die solide Basis für weitreichende staatliche Reformen.

Dabei werden die Prioritäten Willy Brandts vom "Juniorpartner" FDP uneingeschränkt mitgetragen: Ganz oben auf der Agenda steht eine der langfristigen Friedenssicherung und dem europäischen Spannungsabbau verpflichtete Ostpolitik. Der Kanzler weiß: Nach einem Vierteljahrhundert Nachkriegsdeutschland droht der "nationalen Frage" der völlige Kollaps. Deshalb erfordert die künftige bundesdeutsche Entspannungspolitik eine durchgreifende Veränderung der Beziehungen zur DDR. Dies wiederum ist nur über eine Neuinterpretation der deutschen Teilungsproblematik möglich. Wir erinnern uns:

Schon im Juli '63, als sich die Amtszeit Konrad Adenauers ihrem Ende nähert, prägen Willy Brandt und Egon Bahr die Formel vom "Wandel durch Annäherung". Damals heißt es: "Die Sowjetunion ist angetreten mit dem Ziel, den Westen einzuholen und zu überholen, gerade auch auf dem Gebiet des Lebensstandards, auf dem der Westen am stärksten ist. Abgesehen davon, daß es sich dabei um ein Ziel handelt, das den Westen als Vorbild hinstellen muß und an seiner Leistung orientiert ist, ist offensichtlich, daß diese Politik nicht die Zone (= die DDR. Anm. des Verf.) innerhalb des Ostblocks ausnehmen kann." "Man könnte die Sorge haben, daß durch eine Hebung des Lebensstandards dann die Unzufriedenheit unserer Landsleute etwas nachlasse. Aber eben das ist erwünscht! Denn das ist eine weitere Voraussetzung dafür, daß in dem Prozeß zur Wiedervereinigung ein Element wegfallen würde, das zu unkontrollierten Entwicklungen führen könnte und damit zu zwangsläufigen Rückschlägen führen müßte. Man könnte sagen, das (DDR-) Regime würde dadurch gestützt; aber: Weil es keinen praktikablen Weg über den Sturz des Regimes gibt, sehen wir nur den schmalen Weg der Erleichterung für die Menschen in homöopathischen Dosen, daß sich daraus nicht die Gefahr eines revolutionären

Ein historischer Händedruck:
Willy Brandt bei Willi Stoph in Erfurt 1970.

Umschlags ergibt, die das sowjetische Eingreifen aus sowjetischem Interesse zwangsläufig auslösen würde."

Genau jene Vision des Jahres '63 ist ja 1968 in Prag noch einmal grausame Wirklichkeit geworden!

Die sechs Jahre alte Linie "Wandel durch Annäherung" wird also von der neuen Regierung Brandt/Scheel konsequent aufgegriffen und, realpolitisch angepaßt, um eine offensive Ausführungsstrategie erweitert, die zuerst einmal allen träumerischen Ballast von einem "Deutschland in den Grenzen von '37" oder "Alleinvertretungsanspruch" über Bord wirft und aufhört, in der offiziellen Sprache Bonns von der "sogenannten DDR", dem "Gebilde", dem "Phänomen", nur nicht dem ostdeutschen Staat, zu reden. Das allein genügt indes noch nicht für ein ostpolitisches "Großreinemachen" in wahrhaft historischen Dimensionen.

Der programmatisch revolutionäre Satz fällt während der Regierungserklärung am 28. Oktober '69: "Auch wenn zwei Staaten in Deutschland existieren, sind sie doch füreinander nicht Ausland, ihre Beziehungen zueinander können nur von besonderer Art sein."

ZWEI STAATEN IN DEUTSCHLAND - dieser Satz umreißt, was sich der westdeutsche Teilstaat an Entspannung im Verhältnis zur Deutschen Demokratischen Republik zutraut: Gleichberechtigung auf nationaler Ebene!

In seiner Antrittsrede markiert Brandt gleichzeitig aber auch die Grenzen dieser neuen Politik, indem er zu verstehen gibt, "daß eine völkerrechtliche Anerkennung der DDR durch die Bundesrepublik" nicht in Betracht kommt. Damit verneint die Bundesregierung klar die "Zweistaatentheorie" Ost-Berlins, die die BRD und DDR als zwei völlig voneinander unabhängige Staaten interpretiert; also: Kein Auslandsverhältnis beider deutscher Staaten

Die beiden Verhandlungsdelegationen in Erfurt.

wie etwa zwischen Großbritannien und Bulgarien oder Italien und Rumänien.

In diesem Sinne geht die Regierungserklärung folglich von Beziehungen aus, die, wie es juristisch heißt "...enger, als zwischen normalen Völkerrechtssubjekten" sind.

Das praktische Rüstzeug für eine neue Ära der gemeinsamen Kooperation liefert Kanzler Brandt gleich mit, einen Gedanken nämlich, der so neu gar nicht ist und schon zur Zeit der Großen Koalition eine wichtige Rolle gespielt hat: "Gewaltverzicht". Diesmal aber spricht Brandt den Ministerrat der DDR unter ausdrücklicher Anerkennung der Gleichberechtigung beider deutscher Staaten an, wenn er dazu auffordert, "Verhandlungen beiderseits ohne Diskriminierung auf der Ebene der Regierungen" aufzunehmen, "die zu vertraglich vereinbarter Zusammenarbeit führen sollten."

Das also ist das Ziel der deutschlandpolitischen Großoffensive: Eine Art Grundlagenvertrag, der die "besonderen Beziehungen" zwischen den beiden deutschen Staaten nicht nur grundsätzlich anerkennt, sondern endlich auch verbindlich regelt.

Ost-Berlin reagiert auf Brandts Vorschläge mit Mißtrauen und Verblüffung. Zwei Wochen lang herrscht offizielles Schweigen. Dann ringt sich die SED zu einer Stellungnahme durch. Im "Neuen Deutschland" ist zu lesen, daß es sich in Bonn um "neue Akzente" handle, die man "aufmerksam" registriere.

Tatsächlich ist Brandts neuer Kurs für die Führung der SED ein heißes Eisen; denn die Abkehr von der verstaubten Deutschlandpolitik führt insgesamt zu einer durchaus positiven Resonanz im Ostblocklager, weil sie Moskaus verändertem europäischen Sicherheitskonzept entgegenkommt.

Nach dem vom Kreml befohlenen Überfall auf die Tschechoslowakei ist wieder Grabesruhe in den kommunistischen Staaten eingekehrt. Die Sowjetunion hat überdeutlich ihren Führungsanspruch demonstriert und mit "schlagenden Argumenten" durchgesetzt. Keiner traut sich mehr, aufzumucken.

Gegenbesuch in Kassel. Die Gesprächsatmosphäre bleibt frostig.

Schließlich hat man ja gesehen, was mit einem Bruderland passiert, das an den Säulen des Imperiums rüttelt. So also funktioniert die "Breschnew-Doktrin"!

Makabererweise hat die Konsolidierung der sow-

Auch ein Glas Sekt hebt nicht die Stimmung.

jetischen Hegemonie aber nicht nur negative Folgen. Moskau kann sich seiner uneingeschränkten Führungsrolle in der östlichen Hemisphäre wieder sicher sein. In dieser Zuversicht bestärkt, hatte Breschnew bereits im Frühjahr '69 die Mitglieder der Warschauer Pakt Staaten in Budapest zusammengetrommelt und neue Signale in Sachen Entspannung gesetzt. Danach will die Sowjetunion die "deutsche Frage" künftig in eine gesamteuropäische Sicherheitskonferenz einbringen und fordert dazu als Vorleistung nurmehr die "Anerkennung der Existenz der DDR", nicht aber mehr ausdrücklich deren völkerrechtliche Anerkennung durch die Bundesrepublik.

Nach Willy Brandts Regierungserklärung wittert Walter Ulbricht deshalb plötzlich Morgenluft: Die Umorientierung in der bundesdeutschen Ostpolitik und die Umorientierung in der sowjetischen Westeuropapolitik könnten womöglich zu einer Interessenannäherung von Bonn und Moskau führen, bei der Ost-Berlin das Nachsehen hätte!

Ulbricht tritt deshalb die Flucht nach vorne an: In einer großangelegten internationalen Pressekonferenz erklärt er, er habe an Bundespräsident Heinemann einen Vertragsentwurf geschickt, der die sofortige Aufnahme völkerrechtlicher Beziehungen zwischen der DDR und der BRD vorsieht.

Genau das will Bonn jedoch vermeiden. Ulbrichts Brief wird daher von Gustav Heinemann nicht beantwortet. Im Gegenzug entschließt sich die SED, nunmehr die letzte "heilige Kuh" zu schlachten, die beide deutsche Staaten, bei allen Gegensätzen, immer noch gemeinsam pflegen: Das "Fortbestehen der deutschen Nation". "Man kann keine Einheit der deutschen Nation wahren, die es längst nicht mehr gibt", schreibt das SED-Zentralorgan im Januar '70. "Erst dann, wenn in der westdeutschen Bundesrepublik (...) die Arbeiterklasse sich selbst als Nation konstituiert hat, erst dann kann es ein einheitliches, ein sozialistisches Deutschland, eine einheitliche sozialistische Nation geben." Wo die historisch gewachsene Tradition jener fiktiven "einheitlichen sozialistischen Nation" herkommen soll, darauf bleibt das SED-Regime die Antwort schuldig.

Trotz dieser wenig ermutigenden Töne aus Ost-Berlin macht sich Willy Brandt getreu seiner Regierungserklärung "die Einheit der Nation dadurch zu wahren, daß das Verhältnis zwischen den Teilen Deutschlands aus der gegenwärtigen Verkrampfung gelöst wird", am 19. März 1970 auf den Weg zur ersten Begegnung zweier deutscher Regierungschefs seit dreiundzwanzig Jahren. Der Treffpunkt ist die thüringische Stadt Erfurt, ein Ort, der für die deutsche Sozialdemokratie hohen Symbolcharakter hat.

DDR-Ministerpräsident Willy Stoph kommt zur Begrüßung seines Gastes an den Bahnhof. Auf dem Bahnhofsvorplatz warten tausende von Menschen. Als sie Willy Brandt erblicken, kommt Bewegung in die Menge. Für mehrere Minuten entgleitet den Ordnern völlig die Kontrolle. Sprechchöre branden auf: "Willy, Willy ..." - bis die Bonner Delegation im Tagungshotel "Erfurter Hof" verschwindet.

So ist dieses erste Gipfeltreffen von einer nervösen Spannung überlagert. Gleich zu Beginn der Gespräche bricht das Grundproblem der beiderseitigen Beziehungen wieder hervor: Die SED-Regierung besteht auf einer völkerrechtlichen Anerkennung der DDR durch Bonn, ehe sie Vereinbarungen über eine praktische Zusammenarbeit oder gar ein Gewaltverzichtsabkommen aufnimmt. Demgegenüber macht der Bundeskanzler deutlich, daß eine Anerkennung der DDR als Ausland überhaupt nicht in Frage kommt.

Währenddessen rufen die wartenden Menschen auf dem Bahnhofsvorplatz von Erfurt wieder ihrem Hoffnungsträger zu: "Willy Brandt ans Fenster!" Und der Kanzler zeigt sich, ernst und fast bewegungslos. Noch einmal branden die "Willy" - Rufe lautstark auf. Die Sehnsucht ist unverkennbar: Erfurts Bürger demonstrieren hier für das Zusammengehörigkeitsgefühl der Deutschen. "Willy" - Rufe auch beim Abschied, darunter jetzt bestellte, für den DDR-Ministerpräsidenten Willi Stoph. Doch sie werden übertönt. Die hochgespannten Erwartungen in Ost- und Westdeutschland erfüllt das Treffen nicht. Im Gegenteil: Außer einer erneuten Begegnung, diesmal in Kassel, wird nichts Konkretes vereinbart. Aber die bloße Tatsache, daß die Zusammenkunft stattgefunden hat und beide Delegationen gleichberechtigt an einem Tisch gesessen haben, beweist, daß es die Bundesregierung mit der de facto Anerkennung des zweiten deutschen Staates ernst meint.

Beim Gegenbesuch des DDR-Ministerpräsidenten am 21. Mai legt Bundeskanzler Brandt ein zwanzig Punkte Dokument vor, daß die Regelung der Beziehungen beider deutscher Staaten auf der Grundlage der "Einheit der Nation" vorsieht. Stoph bleibt unbeeindruckt: Erst diplomatische Beziehungen, dann werde man weitersehen. Und so wird, wieder, nichts beschlossen. Eine deutsch-deutsche "Denkpause" (Willi Stoph) tritt ein.

Mehr als nur eine Randerscheinung der Gespräche: Lautstarke Proteste und Schlägereien von rechtsradikalen Gruppen vor dem "Schloßhotel" in Kassel. Die Polizei kann kaum für die Sicherheit der Gäste garantieren. Die DDR-Fahne wird vom Mast geholt und zerrissen. "Volksverräter Hand in Hand - Willi Stoph und Willy Brandt" oder: "Brandt an die Wand" skandieren die Randalierer. Für sie sind schon die ersten tastenden Versuche deutsch-deutscher Diplomatie gleichbedeutend mit Verrat am Ziel der deutschen Einheit.

Verabschiedung von Willi Stoph am Bahnhof in Kassel.

Zwei gescheiterte Verhandlungsrunden - wahrlich kein berauschender Auftakt für die neue sozialliberale Deutschlandpolitik. Wohl aber eine nüchterne Bestandsaufnahme der deutsch-deutschen Beziehungen, an der die Bonner Regierungsparteien die politischen Hürden der Zukunft genauestens ermessen können.

Brandts Schlußfolgerung: Man muß da ansetzen, wo der ostpolitische Schlüssel zur Entspannung liegt: in Moskau!

5. Der Pakt mit dem Kreml

Nach dem Desaster der deutsch-deutschen Verhandlungen schlägt nun die Stunde des Mannes, der ab sofort wie kein anderer im Rampen- und Zwielicht der neuen Ostpolitik stehen wird: Brandts langjähriger Vertrauter Egon Bahr. Als Staatssekretär im Bundeskanzleramt soll er jetzt versuchen, mit der Sowjetunion ins Geschäft zu kommen.

Schon Ende Januar 1970 ist Bahr zum ersten Mal bei Andrej Gromyko im Moskauer Außenministerium erschienen, um die Chancen für ein Gewaltverzichtsabkommen auszuloten.

Die Umorientierung in der Westeuropapolitik des Kreml nach der CSSR -Intervention bietet dafür eine günstige Voraussetzung; denn nach der gelungenen Festigung ihres Machtbereichs nach innen ist die Sowjetunion nun auch bestrebt, ihn nach außen hin abzusichern. Die Gründe liegen auf der Hand: An der Südostgrenze des Imperiums eskaliert der Konflikt mit Maos China. Im Westen will Moskau deshalb Ruhe haben, um eine Zweifrontenbedro-

Bundeskanzler Brandt in der Sowjetunion bei einer Besprechung mit Ministerpräsident Kossygin (ganz links)

hung in Asien und in Europa zu vermeiden. Deshalb startet Staatschef Breschnew gegenüber den NATO-Staaten eine breitangelegte Entspannungsinitiative. Sein Ziel: die Einberufung einer "Konferenz für Sicherheit und Zusammenarbeit in Europa" (KSZE). Auf ihr sollen nach dem Wunsch des Kreml-Chefs alle existierenden europäischen Nachkriegsgrenzen festgeschrieben und auf jede Gewaltanwendung zu ihrer Veränderung feierlich verzichtet werden.

Im Kern läuft Breschnews Plan auf eine Art gesamteuropäische Ersatz-Friedenskonferenz hinaus, die die in einem Vierteljahrhundert Nachkriegszeit gewachsene politische Ordnung in Europa garantieren soll.

Was aber kann die Sowjetunion dem Westen als Gegenleistung dafür bieten, daß er auf die Interessen Moskaus eingeht?

Drei Trümpfe hält Breschnew in der Hand:

1. Er könnte endlich den Status quo in West-Berlin anerkennen;

2. Er könnte endlich das mörderische Wettrüsten dadurch vermindern, daß er in den laufenden sowjetisch-amerikanischen SALT-Gesprächen einer Begrenzung der strategischen Rüstung zustimmt;

Bundeskanzler Willy Brandt bei einer Bootspartie mit Leonid Breschnew auf dem Schwarzen Meer anläßlich seines Besuchs in Oreanda auf der Krim.

3. Er könnte den Ausgleich mit der Bundesrepublik suchen, um endlich die "deutsche Frage", wenn schon nicht zu lösen, so doch wenigstens zu stabilisieren.

Aus dieser vielschichtigen Angebotspalette geht auf den ersten Blick hervor, wer hier, außer Bonn und Moskau, noch ein gewichtiges Wörtchen mitzureden haben wird: Washington.

Schon im Verlauf des Jahres '69 hatte US-Präsident Richard Nixon mehrfach signalisiert, daß auch er zu einer gründlichen Bestandsaufnahme der bisherigen West-Ost-Politik bereit sei. Mehr noch: Sollte sich sein russischer Amtskollege Leonid Breschnew zu politischen Zugeständnissen an die USA durchringen, so wäre das Haupthindernis auf dem Weg zur KSZE ausgeräumt. Nach Nixons Vorstellung soll der künftige Entspannungs- Prozeß so aussehen: Als Vorbedingung für seine Zustimmung zur KSZE verlangt er einen entscheidenden Durchbruch bei den Genfer Abrüstungsgesprächen zwischen den USA und der UdSSR. Außerdem sollen Viermächte-Gespräche über Berlin vereinbart werden.

Aus dieser Interessenkonstellation der beiden Supermächte ergeben sich willkommene Vorteile für die neue Ostpolitik der Bundesregierung: Egon Bahr kann sich bei seinen Gesprächen mit Außenminister Gromyko in Moskau nunmehr erlauben, die deutsch-russischen Gewaltverzichtsverhandlungen und die Viermächteverhandlungen über Berlin inhaltlich und zeitlich miteinander zu verknüpfen. Diese Junktimskonstruktion hat ihren Sinn: sie soll Brandts ostpolitischen Kurs durch eine enge Abstimmung mit den für West-Berlin zuständigen Siegermächten absichern und darüber hinaus verhindern, daß im Falle einer Wiederbelebung der deutsch-deutschen Gespräche die DDR ein gegenseitiges Gewaltverzichtsabkommen gerade von der Ausklammerung West-Berlins aus dem Entspannungsprozeß abhängig machen wollte.

Neue Vertrauensbasis: Brandt bei Breschnew auf der Krim. Die Stimmung entspannt sich.

Wie wichtig die Berlin-Frage für das gesamte Entspannungs-Paket tatsächlich ist, zeigt schon die erste Runde der Bahr-Gromyko-Verhandlungen. Für Moskau ist West-Berlin nach wie vor eine "selbständige politische Einheit". Darüber hinaus bleiben die Ausgangspositionen auch noch in zwei anderen zentralen Punkten vollkommen gegensätzlich. Gromyko verlangt 1. die völkerrechtliche Anerkennung der DDR, 2. die Unverbrüchlichkeit der Grenzen in Europa, im Klartext: auch der innerdeutschen Grenze.

Im Ganzen sind es also drei Hauptstreitpunkte, die so für Bonn nicht akzeptabel sind. Die Frage ist: Wie wird Bahr den als eisenhart geltenden Andrej Gromyko zu Kompromissen bewegen können?

Insgesamt 55 Stunden, über einen Zeitraum von sechs Monaten, ziehen sich die deutsch-sowjetischen Verhandlungen hin.

Der erste Lichtblick kommt im März 1970. Im ehemaligen Kontrollratsgebäude in der Potsdamer Straße beginnen Gespräche der drei Westalliierten mit Sowjetvertreter Abrassimov über ein Viermächte-Berlin-Abkommen. Die Sowjetunion hat damit indirekt dem Junktim zugestimmt. Offensichtlich scheut sie das Risiko eines kompletten Fehlschlags ihrer Entspannungsoffensive, wenn sie nicht wenigstens den USA entgegenkommt - über Berlin.

Das wirkt sich sofort auf das Verhandlungsklima zwischen Bahr und seinem Gegenspieler aus: plötzlich will Gromyko von Bonn keine Zugeständnisse mehr in der Berlin-Frage; und auch in der Frage der völkerrechtlichen Anerkennung der DDR durch die Bundesrepublik ist Moskau auf einmal nachgiebig.

Was ist geschehen?

Der russische Außenminister war zwischenzeitlich in Ost-Berlin, um der SED-Führungsriege schonend beizubringen, daß sie auf die Aufnahme normaler diplomatischer Beziehungen mit Bonn verzichten müsse. Er erklärt den ostdeutschen Genossen, daß der Kreml zu einer grundsätzlichen Bereinigung seiner Beziehungen zu Westdeutschland durch einen deutsch-sowjetischen Vertrag entschlos-

Amerikas Mißtrauen muß überwunden werden: Brandt bei Nixon in "Camp David".

sen sei, um auf dem Weg zur KSZE voranzukommen. Das Vertragswerk solle die Voraussetzung auch für die vertragliche Normalisierung der deutsch-deutschen Beziehungen sein.

'Der Klügere gibt nach!' Aber Walter Ulbricht will nicht klüger sein. Er denkt nicht im Traum daran, das Glaubensbekenntnis seiner Politik, nämlich die jahrzehntealte Polemik gegen den "Bonner Militarismus", "Revanchismus" und "Alleinvertretungsanspruch" auf dem Altar einer Annäherung zwischen der Sowjetunion und der Bundesrepublik zu opfern. Ulbricht befürchtet wie eh und je, die DDR könne dabei auf der Strecke bleiben.

Ulbrichts Sturheit geht dem "großen Bruder" auf die Nerven. Im Mai '70 wird der SED-Chef sogar direkt im Kreml vorstellig. Aber es ist nur noch ein letztes Aufbäumen. Breschnew und Gromyko sitzen am längeren Hebel. Moskaus übergeordneter Entspannungsziele wegen muß die SED in den deutsch-deutschen Beziehungen schließlich einen Status akzeptieren, der weit unter den eigenen Erwartungen, nämlich der völkerrechtlichen Anerkennung durch die Bundesrepublik, liegt.

Brandts Chefstratege hat bei seinen Verhandlungen mit Gromyko nahezu freie Hand. Nur wenige Eingeweihte in der Regierung wissen in jenen Monaten, was Bahr will und tut. Mit monotoner Regelmäßigkeit weist er auf die sowjetische Empfindlichkeit gegenüber Indiskretionen hin, wenn er nicht nur Presseleute, sondern auch das Auswärtige Amt oder engste Verbündete im Dunkeln über seine Mission beim Kreml läßt. Über allem hängt ein wenig der Schleier des Konspirativen. Bahr selbst genießt und kultiviert diese Rolle. Der Effekt: das

Durchbruch der Entspannung: Unterzeichnung des Gewaltverzichtsvertrags mit Moskau.

Mißtrauen, nicht nur der CDU-Opposition, sondern auch der Nixon-Administration, wächst. Besonders Nixons Sicherheitsberater, Henry Kissinger, beschleicht Skepsis gegenüber den "wahren" Absichten einer neuerdings "linken" Bundesregierung, mit der man noch keinerlei Erfahrung hat. Kissinger, obwohl in Deutschland geboren, ist der Inbegriff traditioneller amerikanischer Diplomatie-Neurosen gegenüber Germany. Seine Befürchtungen in Sachen neuer Ostpolitik lassen sich ungefähr so zusammenfassen: Da er Brandts Gleichung, Ostpolitik = nationale Einheitspolitik, für Etikettenschwindel hält (weil er dahinter eine Wiederauferstehung eines deutschen Nationalismus wittert, der schon zweimal großes Unheil über die Menschheit gebracht hat), schlägt er seinem Präsidenten vor, Bonn zwar in den Entspannungsprozeß mit einzubeziehen, aber dabei keine aktive Rolle zuzubilligen.

Der "Kniefall von Warschau" - Sinnbild für die neue Ostpolitik.

Hinter Kissingers Mißtrauen verbirgt sich eine längst verjährte historische Erfahrung: der sogenannte "Geist von Rapallo". Seit 1922 spukt er in den Köpfen nicht nur amerikanischer Politiker herum. Damals nämlich hatte, unmittelbar nach dem Ersten Weltkrieg, das geschlagene Deutsche Reich mit dem revolutionären Rußland schon einmal einen Pakt geschlossen. Obwohl er in erster Linie die wirtschaftlichen Beziehungen beider Staaten regelte, wirkte er doch auf die Welt der zwanziger Jahre wie ein Frevel an der von den Siegern festgelegten Nachkriegsordnung: Die Verlierer schienen sich, unbeeindruckt von ihrer völlig unterschiedlichen Gesellschaftsordnung zu verbünden, um sich über die damaligen "Supermächte", Frankreich und Großbritannien, einfach hinwegzusetzen.

1970 ist Amerika die Supermacht und Westdeutschland ihr "Juniorpartner". Kissinger fragt sich daher besorgt: Will Bonn womöglich deshalb mit Moskau paktieren, damit Deutschland wieder zu neuer nationaler Größe aufsteigt? Hieße das nicht , erst einmal aus der NATO auszutreten und einen militärisch neutralen Status zu akzeptieren, um dann als Gegenleistung die deutsche Einheit dankend von Moskau in Empfang zu nehmen?

Kissingers Furcht vor einem neuen Rapallo entspricht Brandts Argwohn vor einem "deal", den beide Großmächte, wieder einmal, allein ausmachen, ohne die wirklich Betroffenen hinzuzuziehen. Der Bundeskanzler weiß genau: Ohne die Vereinigten Staaten geht letzten Endes nichts. Aber die Bundesrepublik muß auch irgendwann einmal damit beginnen, selbst Freunden gegenüber die eigenen Interessen konsequenter zu vertreten. Jetzt!

Auf höchster Ebene werden die gegenseitigen "Verstimmungen", von Brandt und Nixon höchstpersönlich, ausgeräumt. Nach zwei Besuchen des Bundeskanzlers im Weißen Haus bestehen beim US-Präsidenten keine Zweifel mehr an der Loyalität

Unterzeichnung des Warschauer Vertrags am 7.12.1970.

und Bündnistreue Bonns. Kissingers Vorbehalte bleiben, wenngleich in abgewandelter Form: Einen "irren Wettlauf nach Moskau", warnt er, dürfe es nicht geben und erklärt: "Wenn schon Entspannung mit der Sowjetunion, dann machen wir sie!"

Ein paar Jahre später wird Henry Kissinger den Bundeskanzler beglückwünschen zu dem, was seine Ostpolitik bewirkt hat und damit die Größe beweisen, sich selbst zu korrigieren. 1970 aber sieht er in den Europäern, zumal den Deutschen, nur die Bauern im großen Schachspiel der Supermächte.

Brandt und Bahr sind fest entschlossen, vom einmal eingeschlagenen Kurs nicht abzugehen, und über mangelnde Unterrichtung brauchen sich die Amerikaner auch nicht zu beklagen. Ihr Bonner Botschafter Kenneth Rush hält mit Außenminister Scheel ständig Kontakt. Washingtons erstem Mann in der Bundesrepublik ist es eigentlich zu verdanken, daß die US-Führung auch in kritischen Momenten der Regierung stets die Stange hält. Ein wichtiges Beispiel:

Während sich Bonns Chefunterhändler Bahr nach außen in Geheimniskrämerei ergeht, wird seinem Gesprächspartner in Moskau klar, daß Bahr unter Erfolgsdruck kommt. Je länger er verhandelt, desto schwerer wird es für die Regierung, ihre labile Parlamentsmehrheit von gerade mal fünf Stimmen zu erhalten. Regierungssprecher Ahlers bringt es auf den Punkt: "Wenn wir im Kreml nicht bis Ende Juli unterschrieben haben, ist die gesamte Politik gefährdet."

Ende Mai beenden Gromyko und Bahr die letzte Runde der Verhandlungen. Ein geheimes Dokument fixiert zehn Punkte als vorläufiges Ergebnis: das sogenannte "Bahr-Papier". Dann platzt die Bombe. Die "Bild"-Zeitung ist in den Besitz des Bahr-Papiers gelangt und druckt es ab. Die undichte Stelle liegt in Washingtons Regierungskreisen. Hier wie dort sind die Meinungen geteilt, ob Bahrs Verhandlungen im Sinne des Westens gelaufen sind. Hier wie dort gibt es einflußreiche Kräfte, die alles unternehmen, um den Moskauer Vertrag zu Fall zu bringen, am besten so, daß mit ihm die gesamte Regierung stürzt. Für einen Augenblick sieht es so aus, als würde nun auch die Nixon-Administration wankelmütig werden. Kenneth Rush greift klärend ein. Was es an Differenzen wirklich gibt, bezieht sich mehr auf

Gegenseitige Beglückwünschung nach der Unterzeichnung des Warschauer Vertrags.

Bahrs Taktik gegenüber den Russen. Der Inhalt der Verhandlungen erhält Washintons “ok”.

Trotzdem: Als das Bahr-Papier heraus ist, rastet Gromyko sofort ein und damit wird all das, was noch nicht abgesprochen ist, plötzlich zu einem Prestigekampf zwischen Bonn und Moskau. Das bekommt Außenminister Walter Scheel sofort zu spüren. Auf der Grundlage des Bahr-Papiers will er die Verhandlungen bis zum offiziellen Vertragsabschluß zu Ende führen. Am 26. Juli trifft er in Moskau ein. Im Spiridonow-Palais kommen die Gespräche eine Woche nicht vom Fleck. Gromyko erklärt kühl, es gebe nichts mehr zu verhandeln. Die Vereinbarungen, die er mit Egon Bahr erzielt habe, seien mit keinem Komma ergänzungsbedürftig.

Scheel hat keinen leichten Stand; denn im Gespräch hat er drei Richtlinien des Bundeskabinetts. Erstens: Die Bonner Option auf die deutsche Einheit ist schriftlich festzuhalten, wenn nicht im Ver-

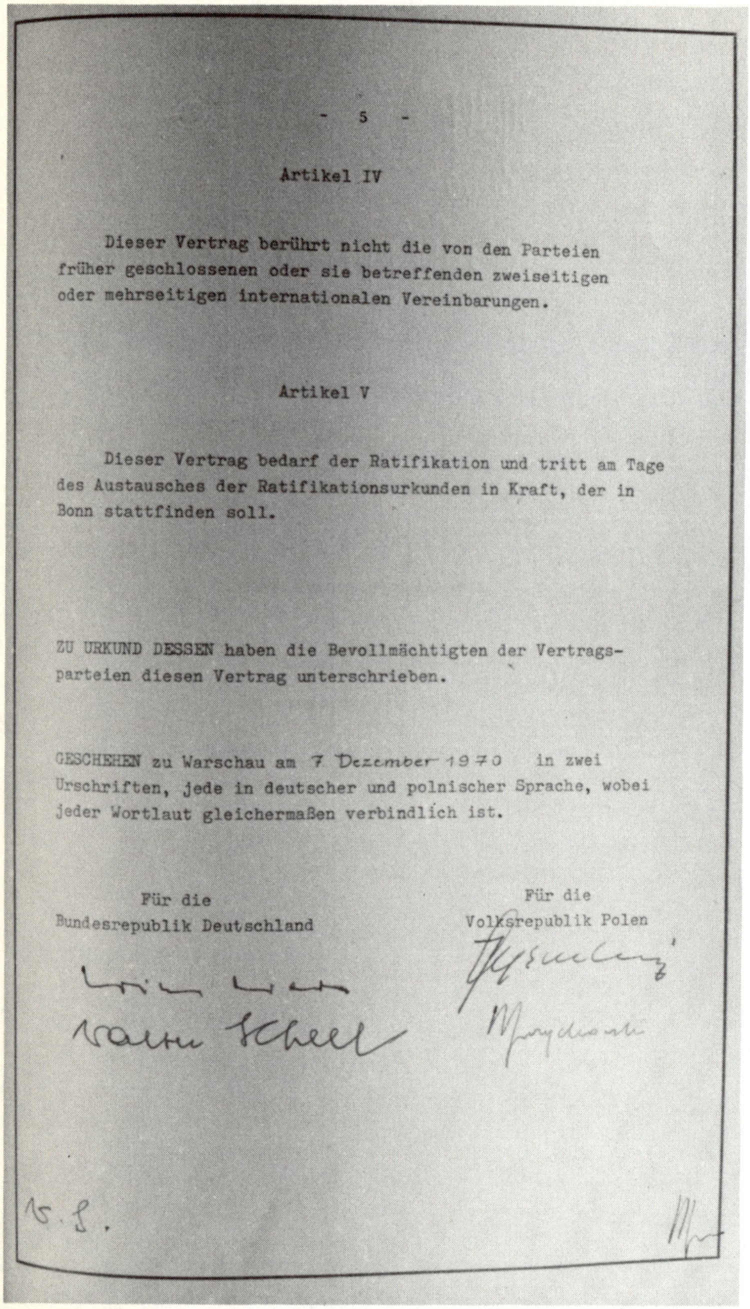

- 5 -

Artikel IV

Dieser Vertrag berührt nicht die von den Parteien früher geschlossenen oder sie betreffenden zweiseitigen oder mehrseitigen internationalen Vereinbarungen.

Artikel V

Dieser Vertrag bedarf der Ratifikation und tritt am Tage des Austausches der Ratifikationsurkunden in Kraft, der in Bonn stattfinden soll.

ZU URKUND DESSEN haben die Bevollmächtigten der Vertragsparteien diesen Vertrag unterschrieben.

GESCHEHEN zu Warschau am 7. Dezember 1970 in zwei Urschriften, jede in deutscher und polnischer Sprache, wobei jeder Wortlaut gleichermaßen verbindlich ist.

Für die Bundesrepublik Deutschland	Für die Volksrepublik Polen

Die Unterschriftenseite des Warschauer Vertrages.

Die Botschafter der vier Mächte, von links: Abrassimow, UDSSR; Jackling, Großbritannien; Rush, USA; Sauvanargues, Frankreich.

Unterzeichnung des Viermächte-Abkommens über Berlin nach 17monatiger Verhandlungsdauer am 3. September 1971.

trag, so doch wenigstens in einer Begleitnote dazu. Zweitens: Es ist klarzustellen, daß die Ratifizierung des Moskauer Vertrags erst nach einem befriedigenden Abschluß der Vier-Mächte-Verhandlungen über Berlin erfolgen kann. Drittens: Die Bundesregierung wird die Grenzen in Europa nur unter dem Aspekt des gegenseitigen Gewaltverzichts anerkennen, keinesfalls aber ihre völkerrechtliche Unveränderlichkeit.

Zweifel und Hoffnung halten sich Anfang August die Waage. Wenn es ernst werden soll mit dem Ausgleich zwischen der Bundesrepublik und der Sowjetunion, müssen beide Seiten ihre eigenen Schatten ein Stück weit überspringen.

Der kühle, ja bisweilen eisige Gromyko tut es! In der Formulierungsfrage des Zusammenhangs zwischen Gewaltverzicht und Grenze lenkt er ein.

Das ist der Durchbruch. Hätte der Kreml weiter auf der "Unveränderlichkeit" der bestehenden Grenzen in Europa bestanden und das Prinzip ihrer "Unverletzlichkeit" nicht akzeptiert, hätte die bundesdeutsche Delegation die Koffer packen können. Denn was sich auf den ersten Blick wie ein kleinliches Feilschen um sinnverwandte Worte darstellt, ist in Wirklichkeit der Dreh- und Angelpunkt des Moskauer Vertrags: Eine Grenze, die nur unverletzlich ist, schließt nämlich ihre, friedliche, Veränderung mit ein. Das ist von zentraler Bedeutung für das

Wiedervereinigungsgebot des Grundgesetzes. Damit bleibt mit der gefundenen Formulierung das Hintertürchen zur nationalen Einheit offen! Ein Zusammenschluß der Deutschen "in Frieden und Freiheit" ist also immer noch möglich. De facto bleibt die Einheit 1970 natürlich mehr denn je ein Traum.

Wie wichtig die "Unverletzlichkeit", nicht aber die "Unabänderlichkeit" der innerdeutschen Grenze ist, beweisen die Ereignisse von 1989/90. So ungefähr haben es sich die Designer der Ostpolitik vorgestellt, auch wenn das WIE, WARUM und WANN der deutschen Einheit 1970 überhaupt nicht abzuschätzen ist. Aber die Chance bleibt gewahrt. Das ist wichtig, wie auch der sogenannte "Brief zur deutschen Einheit", der als einseitige Absichtserklärung der Bundesregierung dem Moskauer Vertrag noch beigefügt wird.

Der "Brief zur deutschen Einheit" hält ausdrücklich fest, daß "dieser Vertrag nicht im Widerspruch zu dem politischen Ziel der Bundesrepublik Deutschland steht, auf einen Zustand des Friedens in Europa hinzuwirken, in dem das deutsche Volk in freier Selbstbestimmung seine Einheit wiedererlangt."

Bezeichnend ist, daß erst wenige Stunden vor der geplanten Vertragsunterzeichnung am 12. August '70 das sowjetische Außenministerium überhaupt bereit ist, den Brief entgegenzunehmen, ohne jedoch seinen Inhalt zu bestätigen.

Der historischen Dimension des feierlichen Vertragsabschlusses im prächtigen Katharinensaal des ehemaligen Zarenpalasts tut das keinen Abbruch. Für die Sowjetunion unterschreibt Ministerpräsident Kossygin, für die Bundesrepublik Willy Brandt. Der Pakt mit dem Kreml ist geschlossen, am Vorabend des 9. Jahrestages des Mauerbaus.

In Artikel 3 verpflichten sich die Vertragspartner, "die territoriale Integrität aller Staaten in Europa in ihren heutigen Grenzen uneingeschränkt zu ach-

US Botschafter Kenneth Rush bei den Viermächte-Gesprächen in Berlin.

Die Vertreter der Presse erwarten das Ende der Gespräche.

ten" und weder heute, noch in Zukunft "Gebietsansprüche gegen irgend jemand" zu erheben." Weiterhin betrachten die Vertragschließenden "heute und künftig die Grenzen aller Staaten in Europa als unverletzlich wie sie am Tag der Unterzeichnung dieses Vertrages verlaufen, einschließlich der Oder-Neiße-Linie, die die Westgrenze der Volksrepublik Polen bildet und der Grenze zwischen der Bundesrepublik Deutschland und der Deutschen Demokratischen Republik."

Die Festlegung zur deutschen Ostgrenze bringt nun auch den Durchbruch in den parallel angelaufenen deutsch-polnischen Verhandlungen. Am 7. Dezember '70 ist auch der Warschauer Vertrag unterschriftsreif. Nach dem Vorbild des Moskauer Vertrags stellen nun auch Polen und die Bundesrepublik "die Unverletzlichkeit ihrer Grenzen jetzt und in Zukunft" fest und "verpflichten sich gegenseitig zur uneingeschränkten Achtung ihrer territorialen Integrität". Außerdem erklären beide Seiten, "daß sie gegeneinander keinerlei Gebietsansprüche haben und solche auch in Zukunft nicht erheben werden!"

Die vollständige Wende der Bonner Ostpolitik ist also bereits ein Jahr nach dem Machtwechsel perfekt. Ihre Schlagworte: Gewaltverzicht, Anerkennung der polnischen Westgrenze, Aufgabe des Gebietsstands von 1937, völkerrechtlich wirksame Anerkennung der Existenz des zweiten deutschen Staates.

Nach diesen historischen Ereignissen gewinnen auch die Berlin-Verhandlungen der vier Siegermächte bedeutend an Fahrt. Bonn hat frühzeitig klargestellt, daß eine Ratifizierung der Ostverträge nur nach Abschluß einer befriedigenden Berlin-Regelung in Frage kommt.

Strittigster Punkt unter den "Großen Vier" ist die Beurteilung der Beziehungen West-Berlins zur Bundesrepublik. Eine Einigung wird schließlich am 3. September '71 möglich, weil jene Vertrags-Passagen, die das Verhältnis West-Berlins zur Bundesrepublik regeln, erhebliche Interpretationsspielräume für Amerikaner, Briten und Franzosen einerseits

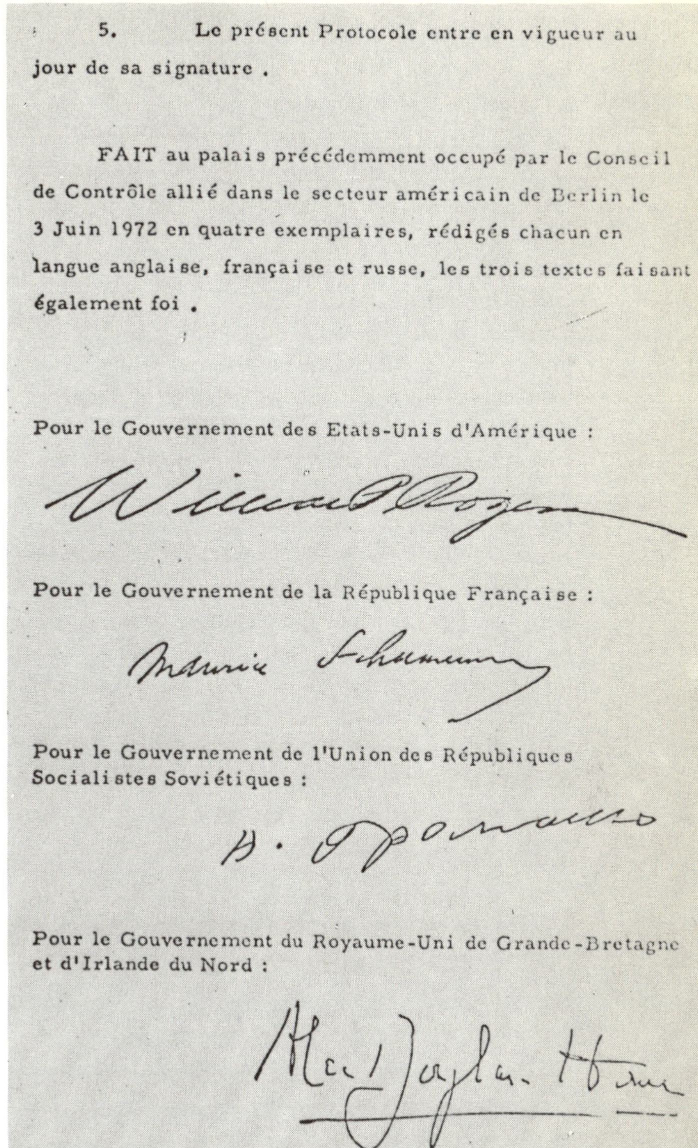

5. Le présent Protocole entre en vigueur au jour de sa signature.

FAIT au palais précédemment occupé par le Conseil de Contrôle allié dans le secteur américain de Berlin le 3 Juin 1972 en quatre exemplaires, rédigés chacun en langue anglaise, française et russe, les trois textes faisant également foi.

Pour le Gouvernement des Etats-Unis d'Amérique :

Pour le Gouvernement de la République Française :

Pour le Gouvernement de l'Union des Républiques Socialistes Soviétiques :

Pour le Gouvernement du Royaume-Uni de Grande-Bretagne et d'Irlande du Nord :

Unterzeichnung des Schlußprotokolls des Viermächte-Abkommens über Berlin am 3.6.72.

und für die Sowjets andererseits erlauben. Das liegt an den Eigenarten des englischen und russischen Sprachgebrauchs. Wenn zum Beispiel im englischen Text von "Bindungen" zwischen West-Berlin und der Bundesrepublik die Rede ist, so läßt der russische Text auch die Übersetzung "Verbindung" zu. Das ist natürlich eine weit schwächere Interpretation. Mit der Aussage, ob West-Berlin "kein Bestandteil" oder nur "kein konstruktiver Teil" der BRD ist, verhält es sich ähnlich.

Alles in allem: Weil die Vertragssprache doch immer engstens mit dem politischen Willen zusammenhängt, haben die vier Regierungen durch eine geschickte Vertragslyrik ihre Differenzen einfach ausgeklammert. Trotzdem bleiben noch eine ganze Reihe praktischer Verbesserungen: Die gewachsenen Beziehungen zwischen West-Berlin und der Bundesrepublik werden grundsätzlich anerkannt; die Unterzeichnerstaaten verpflichten sich, nur friedlich ihre Konflikte um die Stadt zu bereinigen; die beiden deutschen Staaten werden aufgefordert, umfassende Verbesserungen im Transit- und Besucherverkehr von und nach Berlin auszuhandeln.

Das Viermächteabkommen signalisiert, daß eine dauerhafte Ost-West-Entspannung in Europa nur durch die Einbeziehung des gefährlichsten Krisenherds der Nachkriegszeit zu erreichen ist.

Ende '71 also ist das Entspannungspaket bereits fest geschnürt. Nur die direkten Vereinbarungen zwischen Bonn und Ost-Berlin hinken noch nach. Doch bevor es hier "in die vollen" geht, muß die Ostpolitik erst noch ihre schwerste Bewährungsprobe überstehen: den parlamentarischen Kampf um die Ratifizierung der Verträge.

Im Frühjahr '72 ist die ohnehin schwache Mehrheit der Brandt/Scheel Regierung durch Übertritte von SPD- und FDP-Abgeordneten zur CDU auf ein Minimum geschrumpft. Die Abtrünnigen teilen die Meinung von CDU und CSU, die in den Verträgen einen Ausverkauf ur-deutscher Interessen sieht. Die Opposition wittert eine Chance, die von ihr als "Erfüllungspolitik" gegenüber dem Osten angeprangerte Regierungspolitik nun insgesamt zu Fall zu bringen. Aus dem Kampf um die Verträge wird deshalb der Kampf um die sozialliberale Koalition. Sie hat nur noch eine einzige Stimme mehr als die CDU/CSU Opposition. Doch mit dem Übertritt des FDP-Abgeordneten Wilhelm Helms bricht auch diese letzte Stütze aus dem Regierungsbündnis. Für Oppositionschef Rainer Barzel scheint nun der Weg frei für ein Mißtrauensvotum, das heißt, den Sturz von Bundeskanzler Willy Brandt. Am 27. April 1972 fällt die Entscheidung über das Schicksal der Regierung.

Grundlagenvertrag mit der DDR von 1972.

Passierscheinaktion für Ostern 1972.

Die Vorfreude auf ein Wiedersehen drückt sich in langen Warteschlangen aus.

Selbst krankgemeldete Volksvertreter werden zur Abstimmung in den Bundestag transportiert. Die Sache scheint damit gegen Brandt gelaufen. Die Sozialdemokraten stimmen bis auf eine Ausnahme nicht mit ab, um die eigenen Reihen besser im Griff halten zu können. Aber von der FDP haben mittlerweile noch zwei Abgeordnete offen erklärt, für Rainer Barzel stimmen zu wollen. Doch dann die Sensation! Bundestagspräsident von Hassel: "Ich stelle fest, daß der von der Fraktion der CDU/CSU vorgeschlagene Abgeordnete Dr. Barzel die Stimmen der Mehrheit der Mitglieder des Deutschen Bundestages nicht erreicht hat. Der Antrag der Fraktion der CDU..." . Weiter kommt von Hassel nicht. Tosender Applaus aus der Koalitionsriege. Barzel ist fassungslos, Brandt sichtlich erleichtert.

Das Rätsel, woher am Ende die zwei Stimmen kamen, die Barzel zur Regierungsübernahme fehlten, bleibt bis heute ungeklärt. CDU-Hinterbänkler Julius Steiner behauptet später, er habe Geld für sein Nein gegen Barzel erhalten.

Obwohl die Regierungskoalition noch einmal davongekommen ist, ist sie nun praktisch lahmgelegt. Das wird schon gleich am nächsten Tag ganz

Willy Brandt erhält den Friedensnobelpreis 1971

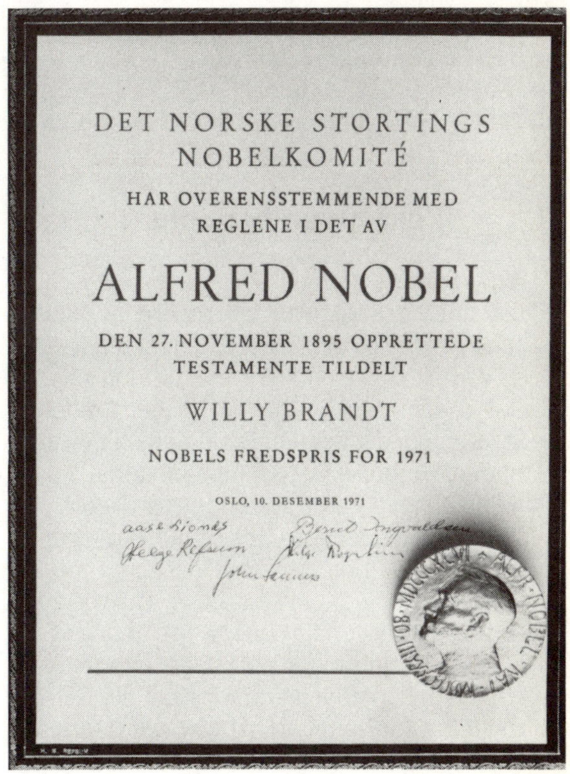
DET NORSKE STORTINGS
NOBELKOMITÉ
HAR OVERENSSTEMMENDE MED
REGLENE I DET AV
ALFRED NOBEL
DEN 27. NOVEMBER 1895 OPPRETTEDE
TESTAMENTE TILDELT
WILLY BRANDT
NOBELS FREDSPRIS FOR 1971
OSLO, 10. DESEMBER 1971

deutlich. Mit Stimmengleichheit (247:247) bleibt der Kanzlerhaushalt in den Etatberatungen des Bundestages auf der Strecke. Worauf es wirklich ankommt: Mitte Mai sollen die Ostverträge in dritter Lesung das Parlament passieren. In dieser Situation lädt Brandt die Oppositionsspitze zu einer vertraulichen Sitzung in den Kanzlerbungalow. "Der internationale Entspannungsfahrplan", so erläutert Brandt, "duldet keinen Aufschub".

Es wird die Ausarbeitung einer Allparteien-Entschließung verabredet, die besonders Positionen der CDU/CSU berücksichtigt: Selbstbestimmungsrecht, Reisemöglichkeiten und andere Erleichterungen für die Menschen im geteilten Deutschland, eine Lösung, die die Opposition das Gesicht wahren und die Ostverträge das Parlament passieren läßt. "Enthaltung" der CDU/CSU lautet der Kompromiß, mit dem das Moskauer und das Warschauer Abkommen schließlich am 17. Mai '72 die Parlamentshürde nehmen. Mit 248 gegen 10 Stimmen bei 238 Enthaltungen geht der Moskauer Vertrag und mit 248 gegen 17 Stimmen bei 231 Enthaltungen der Warschauer Vertrag durch.

Zeitzeugen berichten:

Willy Brandt, damals Bundeskanzler:
"Ich habe gesagt, weil ich dieser Überzeugung war: 'Dies sind zwei Staaten, die aber im Verhältnis zueinander nicht Ausland sind.' Das macht das Besondere dieser beiden Staaten auf deutschem Boden aus. Ich war zu dem Ergebnis gekommen - erstens, daß wir bestimmte Verbesserungen für die Menschen auf deutschem Boden nur erreichen könnten, wenn wir zunächst mal ausgingen von dem, was war, und zweitens, daß wir die von mir für notwendig gehaltene Normalisierung der Beziehungen zur Sowjetunion nicht erreichen konnten, wenn wir nicht die DDR zunächst zur Kenntnis nehmen würden als das, als was sie sich herausgebildet hatte!"

Rainer Barzel, damals CDU-Oppositionschef:
"Aus Brandts Sicht war das natürlich der Eintrittspreis in Moskau, aus unserer Sicht aber eine unerträgliche Vorleistung für ungewisse Vertragsverhandlungen. Da war der Krach nicht nur programmiert, nein - da war er schon da. Nach dem Einmarsch in die Tschechoslowakei hatte nämlich der gesamte Bundestag eine Entschließung gefaßt, nach der die Anerkennung der DDR als zweiter deutscher Staat nicht in Frage kam. Der Beschluß galt immer noch. Deshalb war das, was Brandt da sagte, ein glatter Wortbruch!"

Egon Bahr, damals Staatssekretär im Bundeskanzleramt:
"Also, der Satz stammt von Brandt, und Scheel hat ihn sofort akzeptiert. Ich war dagegen, weil ich gedacht habe und auch gesagt habe: 'Das kann das Ende der Verhandlungen sein. Wozu jetzt eine Vorleistung machen, wo wir das Kostbarste, was wir wegzugeben haben, nämlich die Staatlichkeit der DDR, vorwegnehmen?' Nachträglich bin ich eines Besseren belehrt worden, Brandt hatte recht, mit seinem Instinkt und seiner Psychologie. Dieser Satz war das entscheidende Moment dafür, daß die Sowjets mit uns ernsthaft geredet haben, um festzustellen, wie ernst ist diese neue Regierung zu nehmen. Das war der Türöffner - dieser Satz!"

Martin Hillenbrandt, damals Leiter der Europa-Abteilung im US-Außenministerium:
"Es war das erste Mal, daß wir einen SPD-Kanzler gehabt haben in der Bundesrepublik, und das war etwas Neues, und ich glaube, das war teilweise der Grund für diese Skepsis, teilweise auch, daß vielleicht diese Entwicklung für das Weiße Haus etwas schnell gekommen ist, ohne ausreichende Vorwar-

nung, daß sich so etwas weitreichendes daraus ergeben könnte."

Kenneth Rush, damals amerikanischer Botschafter in der Bundesrepublik:
"All die Jahre hatten wir es nur mit einer CDU geführten Regierung zu tun. Die kannten wir. Willy Brandt dagegen war für uns ein unkalkulierbarer Faktor. Und seiner außenpolitisch rechten Hand, Egon Bahr, wurde in Amerika erst recht mit Argwohn begegnet. Ich bedaure, dies zu sagen, aber man hat ihm nicht über den Weg getraut. Und dann hatte Präsident Nixon eben sein ganz eigenes détente-Verständnis. Er und Kissinger wollten die Sache ganz alleine schaukeln, so daß sehr schnell die besorgte Frage auftauchte, ob Brandts neue Ostpolitik unseren eigenen Ansatz torpedieren würde oder sogar Westdeutschlands Rolle im NATO-Bündnis gefährden könnte."

Egon Bahr, damals Staatssekretär im Bundeskanzleramt:
"Kissinger war mißtrauisch. Er hat viele bohrende Fragen gestellt, alle unter dem Gesichtspunkt: habt ihr denn auch alles bedacht? Habt ihr das und jenes bedacht und wird es denn auch funktionieren und ist es nicht gefährlich und was macht ihr mit den Russen? Und, und, und .... Das ging so weit, daß ich ihm gesagt habe: Lieber Henry Kissinger, ich bin - offen gestanden - hier, um in aller Offenheit zu informieren, nicht zu konsultieren. Wir möchten wirklich, daß ihr wißt in Amerika, was wir machen. Aber wir werden es machen!"

Rainer Barzel, damals CDU-Oppositionschef:
"Das ganze war zunächst undurchsichtig. Der Bahr hatte irgend 'nen Auftrag, wahrscheinlich vom Bundeskanzler, es ging vieles an der Botschaft in Moskau vorbei. Man wußte weder, wer ist der Dolmetscher, noch wer macht die Aufzeichnung. Also ein ganz unübliches Verfahren, was natürlich Mißtrauen weckte. Und wir hatten Anlaß zu diesem Mißtrauen, denn der Bundeskanzler hatte gesagt, von Wiedervereinigung rede er nicht mehr. Entsprechend handelte Bahr und der bot praktisch ein verdecktes Grenzanerkennungsabkommen an. Dann sah man plötzlich ein Bild in der Zeitung, daß er irgendwo mit der Pelzmütze stand, am Grab von - was weiß ich - Stalin oder Lenin. Es war nicht ersichtlich, warum und wo genau er sich aufhielt!"

Karl-Theodor Freiherr zu Guttenberg, Vorgänger Egon Bahrs im Amt des Staatssekretärs im Bundeskanzleramt:
"Bei der Veröffentlichung des 'Bahr-Papiers' war ich der Überzeugung, daß es notwendig sei, der deutschen Öffentlichkeit zu sagen, daß die Bundesregierung hier unwahrhaftig war. Daß sie etwas gesagt hat, was nicht der Wahrheit entsprach. Sie sagte nämlich, daß in Moskau "sondiert" werde. In Wahrheit ist ein Vertragstext ausgehandelt worden. Und dies mußte man der Öffentlichkeit zeigen und als zweites mußte man ihr sagen, daß dieser Vertragstext in Wahrheit die politische Sanktionierung der von der Sowjetunion erzwungenen Teilung Deutschlands bedeutete!"

Valentin Falin, damals Leiter der dritten europäischen Abteilung im sowjetischen Außenministerium, danach sowjetischer Botschafter in der Bundesrepublik:
"Ja, wir wissen alle, daß Andrej Gromyko ein hartgesottener Gesprächspartner war. Er versuchte bis aufs Äußerste die Situation zuzu-

spitzen, wenn es um sogar eine Nuance ging, wenn es um einen Buchstaben ging, wenn es um ein Komma im Text ging; aber wenn er vor vorhandene Tatsachen gestellt wurde, so begann er doch nachzudenken: Was lohnt es eigentlich? Und ich erinnere mich an eine dramatische Entwicklung, als seine Gespräche mit Egon Bahr festgefahren waren. Bahr hatte ein Telegramm nach Bonn geschickt und um ein Flugzeug gebeten, um Moskau zu verlassen. Als Andrej Andrejewitsch davon erfuhr, rief er mich aufgeregt an und sagte: 'Tun Sie alles Mögliche, damit Egon Bahr in Moskau bleibt!' Anschließend wurde dann der Kompromiß über die "Unverletzlichkeit', anstatt der 'Unverrückbarkeit', der Grenzen gefunden und Bahr hat sein Flugzeug wieder abbestellt."

Paul Frank, damals Staatssekretär:
"Mit einem Mann vom Zuschnitt des Andrej Gromyko tagelang zu verhandeln, das ist kein besonderes Vergnügen. Er fängt dann an mit paar verbalen Lockerungsübungen, ein paar alten Witzchen, aufgewärmten Witzchen. Aber wenn es dann Zeit war, zu Verhandlungen zu kommen, dann schlägt es um. Dann ist es das Gesicht eines Scharfrichters. Da ist von Witz keine Rede. Und das Interessante war an der Sache, daß nun Walter Scheel das genaue Gegenteil dieses Charakters war. Falin sagte mir einmal während der Verhandlungen, Gromyko ist verzweifelt, er kommt mit Scheel nicht zurecht. Scheel läßt sich ja gar nicht packen!"

Walter Scheel, damals Bundesaußenminister:
"Wir waren in der Tat ins Stocken gekommen bei unseren Verhandlungen. Und plötzlich, an einem Freitag war's, da sagte er am Schluß der Verhandlungen, sagen Sie mal , was machen Sie am Wochenende, würden Sie bereit sein, draußen in meine Datscha zu kommen? Dann haben wir mal 'n bißchen Zeit, können wir uns etwas erholen. Ich hatte versucht, herauszufinden, was will er denn? Und da haben wir gegessen und uns über Gott und die Welt unterhalten, also weniger über Gott, aber über die Welt unterhalten. Und immer hab' ich gedacht: Menschenskind, der hat doch was, der will doch was. Und am Schluß sagt er: 'Wissen Sie, Sie haben vor ein paar Tagen mir da eine Formulierung gegeben für diesen Zusammenhang zwischen Gewaltverzicht und Grenze und wir haben auch über den Brief zur deutschen Einheit gesprochen. Und ich will Ihnen zu der einen Sache mal was sagen. Ich hab da lange drüber nachgedacht. Und heute Nacht habe ich gedacht, wir könnten vielleicht eine Lösung finden. Ich hab das mal aufgeschrieben, in englisch.' Und dann gibt er mir das rüber, ich les' es durch, ich denke, das kann doch nicht wahr sein! Es war genau das, das ich ihm wochenlang als meinen Vorschlag gemacht hatte."

Rainer Barzel, damals CDU-Oppositionschef:
"Unser Drängen auf einen "Brief zur deutschen Einheit" deckte sich mit einer Stimmung von zuständigen Beamten in der Bundesregierung, die gesagt haben:' Das muß verfassungskonform sein und die deutsche Einheit darf zumindest nicht ausgeschlossen werden. 'Also, ich glaube schon, daß alle die Recht haben, die heute schreiben, dieser Brief ist von der damaligen Opposition der Bundesregierung abgetrotzt worden."

Egon Bahr, damals Staatssekretär im Kanzleramt:

"Das ist nicht richtig. Ich hab' den Brief zur deutschen Einheit erfunden. Ich habe ihn mit meinem nächsten Mitarbeiter, Herrn Sanne, auch formuliert, und er steht auch heute noch sehr gut da. Es mußte klar sein, daß der Anspruch auf friedliche Einheit der Deutschen oder Selbstbestimmung nicht im Widerspruch mit dem Moskauer Vertrag steht."

Willy Brandt, damals Bundeskanzler:
"Man hatte bei der Vertragsunterzeichnung schon das Gefühl, ich hatte es jedenfalls: Dies ist ein Beitrag dazu, einen Schlußstrich zu setzen hinter dieses schlimme Kapitel, das mit der Hitlerei und dem Krieg gegen die Sowjetunion zusammenhing. Und er eröffnete vielleicht die Hoffnung, daß wir uns herausarbeiten aus dieser zugespitzten Konfrontation, in der die Bundesrepublik hatte leben müssen in all den Jahren nach 1949."

Herbert Hupka, damals Bundesvorsitzender der Landsmannschaft Schlesien:
"Es ist nichts in dem Vertrag drin vom Selbstbestimmungsrecht des deutschen Volkes. Es ist nichts drin vom Offenhalten der deutschen Frage. Es ist nichts drin von den Menschenrechten. Es ist hier festgeschrieben der Status quo von 1970 und dieser Status quo ist ein Status quo des Unrechts, ein Status quo der Stalinistischen Politik. Das waren eigentlich die Hauptattacken gegen den Moskauer Vertrag, daß hier nichts zugunsten von Deutschland erreicht worden ist, sondern daß der Kommunismus , so hab' ich's auch geschrieben, obsiegt hat und Deutschland verloren hat."

Rainer Barzel, damals CDU-Oppositionschef:
"Es ging nun um die Abstimmung über die Verträge, und es gab einen sensationellen Wahlsieg in Baden-Württemberg, wo wir 9,8% zugelegt hatten, und ich hatte mich dort mit 80 Reden engagiert, sodaß wir jetzt den Mißtrauens-Antrag stellten, in der Absicht, die Verträge in die Hand zu bekommen; nicht, um sie wegzulegen, sondern um sie besser zu machen, und dann neu zu wählen. Das war die Überlegung."

Erich Mende, ehem. Bundesminister für gesamtdeutsche Fragen und FDP-Vizekanzler; 1970 Übertritt zur CDU:
"Mein Vorwurf ist, daß zwei wesentliche Elemente im Moskauer Vertrag nicht enthalten sind. Erstens: ein Hinweis auf das Selbstbestimmungsrecht des deutschen Volkes, und zweitens: ein Hinweis auf den Friedensvertrag, auf den wir damals warteten und heute noch warten.
Ich konnte doch nicht auf einmal das Gegenteil dessen tun, was ich zwanzig Jahre landauf, landab, beim Schlesiertreffen, bei den Brandenburgern, Pommern, wo auch immer auf den Parteitagen, in Sitzungen des Bundestages, gesagt habe. Ich wäre mir selbst untreu geworden. Das war eine Gewissensfrage."

Walther Leisler Kiep, damals CDU-Präsidiumsmitglied:
"Ich glaube, daß in der ganzen Betrachtung der Ostpolitik von damals die Westpolitik viel zu kurz kommt. Ich persönlich hatte große Hoffnung, daß man nach der grundsätzlichen Inhaltskritik an einen Punkt gelangen würde, wo man diesen Verträgen zumindest mehrheitlich oder durch Freigabe der Abstimmung zustimmen könnte. Wir haben ganz kurz vor den entscheidenden Sitzungen in der CDU-Fraktion ja noch ein Signal des amerikanischen Präsidenten bekommen, auf einem inoffiziellen Wege; er konnte ja nicht

offiziell mit der Opposition in Deutschland verkehren. Und wenn ich das Signal richtig in Erinnerung habe, stand da so sinngemäß drin: Wir würden eigentlich kein Verständnis haben, wenn ihr jetzt die Verträge scheitern lassen würdet. Nixon dachte natürlich daran, daß ein Scheitern auch schwere Rückwirkungen auf seine Bemühungen um eine Veränderung des Verhältnisses der Supermächte untereinander haben könnte. Genau dieses Argument und die Tatsache, daß wir die Verträge, soweit das überhaupt möglich war, verbessert hatten und akzeptabler gestaltet hatten, führte dann nachher in der Konsequenz zu der Formel: Die Verträge sind nicht gut genug, daß wir ja zu ihnen sagen; sie sind aber auch nicht schlecht genug, daß wir sie scheitern lassen. Aus der heutigen Sicht, im Rückblick, würde man vielleicht sagen, und so sehe ich das und hab das auch damals eigentlich so gesehen: Unser Abstimmungsverhalten war eine Mischung aus Feigheit, Geiz und dem Verpassen einer großen Chance."

6. Schlußstrich unter Deutschlands Teilung?

Mit der Ratifizierung der Verträge ist die "Frontbegradigung" im Osten fast perfekt. Was jetzt noch zu tun bleibt, ist allerdings der schwierigste Teil im west-östlichen Entspannungskraftakt: die Regelung des künftigen Zusammenlebens beider deutscher Staaten.

Schon bei Abschluß des Moskauer Vertrags hatte sich die Bundesregierung in einer verbindlichen Absichtserklärung verpflichtet, mit der DDR ein Abkommen zu schließen, das "ein einheitliches Ganzes" mit dem Kreml-Pakt bilden sollte.

Zwei Jahre nach dem unbefriedigenden Ablauf der Gespräche zwischen Brandt und Stoph in Erfurt und in Kassel startet die Bundesregierung nun einen neuen Anlauf, die Beziehungen zur DDR auf der Grundlage voller Gleichberechtigung grundlegend neu zu regeln.

Egon Bahr empfängt nach der Unterzeichnung des Abkommensüber den Transitverkehr Dr. Michael Kohl.

Im Mai '71 hat es in Ost-Berlin die längst überfällige Wachablösung an der SED-Spitze gegeben. Die Ära Ulbricht ist zu Ende. Auch wenn er offiziell, wie im real existierenden Sozialsimus durchaus üblich, "aus Gesundheitsgründen" seinen Posten als Parteisekretär an Erich Honecker abgetreten hat, so bleibt es doch in Wirklichkeit ein Sturz! Der achtundsiebzig Jahre alte Herrscher über den ostdeutschen Kommunismus hat sich politisch selber überlebt. Der Mann, der über ein volles Vierteljahrhundert wie kein anderer in der SED die Konfrontation mit der Bundesrepublik verkörpert, paßt auf einmal nicht mehr in den Entspannungskurs des "großen

Bruders". Und so ist es kaum verwunderlich, daß "Spitzbart" Ulbricht 1971 weder zu alt noch zu krank für sein Amt ist, sondern schlichtweg unerwünscht. Ohne das Interesse der Sowjetunion wäre Ulbrichts Sturz wohl kaum machbar gewesen.

Breschnew fühlt sich vom starrsinnigen Verteidiger der Eigeninteressen "seiner DDR" herausgefordert, die er gegen Moskaus europaumspannende Entspannungs-Initiative schützen will. Eine Kollision der Großmachtinteressen der Sowjetunion mit den eigenwilligen Vorstellungen und Konzepten von Ulbrichts Deutschlandpolitik will und kann der Kreml nicht länger dulden. Der Abschluß des Moskauer Vertrags markiert die Zäsur für Breschnews Entscheidung zum Führungswechsel in der DDR.

Weil die UdSSR darin höchst eigenmächtig die "Ulbricht-Doktrin" (d.h. völkerrechtliche Anerkennung der DDR durch die Bundesrepublik als Voraussetzung für eine Normalisierung Westdeutschlands Beziehungen zum Ostblock) widerrufen hat, kann sie sich in der neuen Phase der Ost-West-Beziehungen Ulbrichts fortgesetzte innerdeutsche Störmanöver nicht mehr leisten. Damit ist auch die Sonderrolle der DDR als stärkstes Glied unter Moskaus Satellitenstaaten abrupt beendet.

Entspannte Stimmung während einer Verhandlungspause bei den Innerdeutschen Gesprächen.

Die Bilanz der DDR, die Ulbricht hinterläßt, ist ansonsten durchaus respektabel. Acht Jahre nach Einführung des "Neuen ökonomischen Systems" hat der SED-Staat beträchtliche Fortschritte im Lebensstandard seiner Bürger vorzuweisen. Die industrielle Produktion ist deutlich gestiegen und auch der Außenhandel hat kräftig zugelegt. Waren, die vor noch gar nicht langer Zeit als Luxusartikel galten, sind nicht nur erschwinglich, sondern auch weit mehr verfügbar. So besitzen Anfang der 70iger Jahre beispielsweise 90% der DDR-Bürger einen Fernsehapparat, fast zwei Drittel nennen auch einen Kühlschrank und eine Waschmaschine ihr Eigen. Nur bei den Autos hapert es noch: Erst knapp ein Sechstel der Normalverbraucher fährt in einem Wagen "made in GDR" herum. Trotz eines Anwachsens des Lebensstandards bleiben freilich die Existenzbedingungen unter dem Kommunismus hart: Die staatliche Kontrolle über alle Bereiche des Lebens ist total.

Erster Sekretär des Zentralkomitees der Sozialistischen Einheitspartei Deutschlands ist seit dem 3.5.'71 also der Genosse Erich Honecker.

Von Ulbrichts Nachfolger erwartet besonders die Bonner Regierung wieder eine stärkere Orientierung am außenpolitischen Entspannungs-Konzept der UdSSR. Im Klartext: mehr Unterordnung. Alles, was während der späten Ära Ulbricht an nationalen Extratouren zu verzeichnen war, so hofft die Bundesregierung, könnte nun einer Phase praktischer deutsch-deutscher Zusammenarbeit weichen.

Weit gefehlt!

Nach Erich Honeckers Machtantritt treibt die ideologische Abgrenzungskampagne der DDR ge-

Michail Gorbatschow - ein Hoffnungsträger für die ganze Welt.

genüber der BRD merkwürdige neue Blüten. Sämtliche Einrichtungen, die sich bis dato noch mit gesamtdeutschen Aufgaben befaßt haben, werden ersatzlos aufgelöst; darunter das "Staatssekretariat für westdeutsche Aufgaben", der "ständige Ausschuß (...) zur Förderung der Aktionseinheit der Arbeiterklasse" sowie der "Deutschlandsender", der sich, nach eigener Zielsetzung,- "an alle Deutschen" wandte, "um sie für Frieden und Einheit zu gewinnen". Ein Kuriosum: die DDR-Nationalhymne darf nur noch mitgesummt, nicht aber mehr ihr Text gesungen werden; denn darin heißt es: "Laß uns dir zum Guten dienen, Deutschland einig Vaterland".

Die nationalen Gemeinsamkeiten von Ost- und Westdeutschland sind damit offiziell passé.

Am 6. Januar '72 treibt der SED-Chef die Abgrenzung auf die Spitze, als er bei einer Rede an die Angehörigen der Nationalen Volksarmee auf Rügen erklärt: "Durch alle diese Verträge und Abkommen (gemeint sind die Ostverträge und der Vier-Mächte-Vertrag über Berlin)(...) gewinnt unser sozialistischer Staat selbst höhere internationale Autorität(...), kurz gesagt: Unsere konsequente Politik der Profilierung der Deutschen Demokratischen Republik als sozialistischer Staat im Herzen Europas hat sich ausgezeichnet bewährt. Es gibt die sozialistische DDR und die imperialistische BRD. In der Deutschen Demokratischen Republik, in der die Arbeiter und Bauern herrschen, entwickelt sich die sozialistische Nation. Zwischen der sozialistischen Deutschen Demokratischen Republik und der imperialistischen BRD gibt es keine Einheit und kann es keine Einheit geben (...) Dauergerede über 'Einheit der Nation' ändert nichts daran(...) Die Dinge liegen doch ganz klar. Unsere Republik und die BRD verhalten sich zueinander wie jeder von ihnen zu einem anderen dritten Staat. Die BRD ist somit Ausland, und noch mehr: sie ist imperialistisches Ausland".

Niemals zuvor hat ein SED-Funktionär die Bundesrepublik als Ausland, als feindliches noch dazu, bezeichnet. Die zitierte Abgrenzungsrede fixiert Honeckers Leitgedanken in der Deutschlandpolitik. Eine Abkehr von der Eigenwilligkeit gegenüber Bonn ist daraus nicht einmal in Nuancen erkennbar. Ganz im Gegenteil: "das Feindbild Bundesrepublik(...) stimmt genau. Am Bild gibt es nichts zu ändern, da sich der Feind selber nicht geändert hat", führt Honecker weiter aus.

Honecker zieht diese Schlußfolgerung vor den NVA-Offizieren im vollen Bewußtsein, daß sein angepriesenes Feindbild so recht in die Wirklichkeit des Jahres '72 nicht mehr passen will. In der SED geht nämlich, wieder einmal, das Schreckgespenst vom "Sozialdemokratismus" um, d.h. einer auch unter der DDR-Bevölkerung äußerst populären westdeutschen Sozialdemokratie, deren Anziehungskraft und "vergiftetes politisches Gedankengut" die ostdeutsche Führung fürchtet, wie der Teufel das Weihwasser. Besonders die Verleihung des Friedensnobelpreises an Bundeskanzler Brandt stellt die SED vor völlig ungewohnte propagandistische Probleme. Und noch eins: Hat nicht das Fernsehen soeben erst eindrucksvolle Bilder vom lockeren, ja beinahe schon freundschaftlichen Umgang des sowjetischen KP-Chefs Breschnew mit Willy Brandt beim Treffen auf der Krim übertragen? Bilder, die das jahrelang geschickt manipulierte Image der Bundesrepublik als "Hort des Revanchismus, Militarismus und Nazismus" Lügen strafen?

Dazu kommen andere, für die DDR-Staatsführung niederschmetternde Beobachtungen: In den Popularitätsumfragen liegt Honecker im eigenen Land hinter Brandt. Zöllner und Grenzsoldaten verhalten sich neuerdings freundlicher gegenüber westdeutschen Transit-Reisenden, allenthalben scheinen die "Staatsorgane" etwas von ihrer Verklemmung zu verlieren.

Alle Eindrücke zusammengenommen kann man wohl sagen, daß der Erbe Ulbrichts plötzlich verstärkt die Frage nach dem Selbstverständnis des "ersten Arbeiter- und Bauernstaats auf deutschem Boden" aufgeworfen sieht und nur mehr mit abgedroschenen Floskeln und verschärfter Abgrenzungs-Rhetorik darauf zu antworten weiß.

Trotzdem: Ein neuer Anfang muß gemacht werden, auch wenn der Weg beschwerlich ist. Die Eigendynamik des internationalen Entspannungsprozesses will es so. Mit den Verhandlungen zum Transitabkommen wurde Ende '71 der deutsch-deutsche Dialog zwar wieder aufgenommen, aber nur mit dem Ziel, den Auftrag der vier Mächte aus dem Berlin-Abkommen zu erfüllen. Worum es jetzt geht, ist weit mehr: der erste eigenständige und völkerrechtsverbindliche Staatsvertrag zwischen den beiden deutschen Staaten nach dem Zweiten Weltkrieg der sogenannte "Allgemeine Verkehrsvertrag". Am 26. Mai '72 wird er unterzeichnet. Seine Bedeutung liegt nicht nur darin, daß er die so lange entbehrten Reiseerleichterungen (und damit menschlichen Kontakte) zwischen DDR und Bundesrepublik ermöglicht, sondern darüber hinaus politische Signalwirkung hat: Mit dem Verkehrsvertrag erkennt Bonn zum ersten Mal die Gleichberechtigung der DDR verbindlich an! Insofern ist der Verkehrsvertrag gleichsam die gelungene Generalprobe für das allerletzte Stück, das im Konzert der Ost-West-Entspannung noch nicht uraufgeführt ist: der deutsch-deutsche Grundlagenvertrag.

In ihm geht es nunmehr um den faktischen Vollzug der Anerkennung einer DDR-Eigenstaatlichkeit mit allen ihren Folgen für die Wiedervereinigungspolitik, die Grenzen, die diplomatischen Beziehungen sowie die Mitgliedschaft in internationalen Organisationen und Verbänden. Die Verhandlungen zum Grundlagenvertrag beginnen im Juni '72 und ziehen sich bis September '72 hin, ohne daß eine der beiden Seiten nennenswert von ihren bekannten Positionen abrückt. Ost-Berlin besteht nach wie vor auf der völkerrechtlichen Anerkennung durch die Bundesrepublik; Bonn besteht nach wie vor darauf, daß es zwei deutsche Staaten in einer Nation gibt, deren Beziehungen nur "von besonderer Art" sein können.

Mehr als zwei Dutzend Mal treffen sich DDR-Staatssekretär Michael Kohl und Kanzleramtschef Egon Bahr, um buchstäblich um jedes Wort und jedes Komma zu feilschen, mal hüben am Rhein,

Am 20. August 1973 findet der Notenaustausch zum Vertrag über die Grundlagen der Beziehungen zwischen der BRD und der DDR statt.

mal drüben an der Spree. Wer weiß, wie lange die Verhandlungen noch gedauert hätten, wenn nicht Washington und Moskau aus gemeinsamem Interesse heraus "nachgeholfen" hätten, den Grundlagenvertrag in nunmehr acht Wochen unter Dach und Fach zu bringen. Beide Supermächte werden nämlich langsam ungeduldig; sie wollen die erste Gesprächsrunde zur KSZE eröffnen und dabei alle bilateralen Verhandlungen vorher abgeschlossen sehen.

Inhaltlich greifen die USA und die UdSSR in den deutsch-deutschen Poker nicht mit ein, aber sie setzen die Verhandlungspartner unter Zeitdruck. Der kleine "push" zeigt Wirkung: Bereits am 8. November '72 wird der Grundlagenvertrag unterzeichnet.

In der Präambel heißt es, daß die "Hohen Vertragschließenden Seiten" zu ihrer Übereinkunft gefunden hätten "ausgehend von den historischen Gegebenheiten und unbeschadet der unterschiedlichen Auffassungen(...) zu grundsätzlichen Fragen, darunter zur nationalen Frage". Deutlicher ausgedrückt: sämtliche Vertragsbestimmungen sind so abgefaßt, daß die "Gretchenfrage" der Staatsangehörigkeit aller in der DDR lebenden Deutschen ausgeklammert bleibt. Folglich bedeutet der Vertrag auch nicht die neue Grundlage, auf der die Teilung der Nation annehmbar geregelt ist, sondern nur die offizielle Protokollierung der immer noch bestehenden Gegensätze.

Kein Botschafter, sondern "Ständiger Vertreter" Bonns in Ost-Berlin: Hans-Otto Bräutigam.

Dennoch wäre es falsch, im Grundlagenvertrag nur ein übereilt zusammengeschustertes Stück Papier zu sehen. Er fixiert eindeutig die deutsch-deutschen Realitäten so, wie sie sich nach dreiundzwanzig Jahren nationaler Spaltung nun einmal entwickelt haben. Und er erkennt sie an! Dieser Umstand allein ist Ende 1972 nicht geringzuschätzen.

"Wir haben nichts verschenkt, was nicht schon längst verloren war", ruft Brandt im Bundestag jenen Vertragsgegnern zu, die ihn als "Verzichtspolitiker" diffamieren. Die Bundesbürger sind auf des Kanzlers Seite, wie die Stimmabgabe zur Bundestagswahl am 19. November '72 zeigt, ein "Referendum über die Ostpolitik", wie viele meinen. Die Wahlbeteiligung liegt mit 91,1 % so hoch wie noch nie; gegenüber 1969 erhält die SPD drei Millionen Stimmen mehr und wird mit 45,8 % der Stimmen zum ersten Mal stärkste Fraktion. Die FDP erhält 8,4 % und hat damit ihr Wählerpotential um über die Hälfte gesteigert. CDU und CSU bringen es zusammen auf 44,9 %.

Was also haben die Bürger damit sanktioniert? Im Einzelnen bestimmt der von Egon Bahr und Michael Kohl ausgehandelte Vertragstext:

- "Gleichberechtigung" von Bundesrepublik und DDR" (Artikel 1);
- "Achtung der Unabhängigkeit, Selbständigkeit und territorialen Integrität" der DDR" (Artikel 2);
- "Unverletzlichkeit der zwischen ihnen bestehenden Grenze" (Artikel 3);
- "Verzicht Bonns auf den Alleinvertretungsanspruch" (Artikel 4 bis 6);
- "Zusammenarbeit auf dem Gebiet der Wirtschaft, der Wissenschaft und Technik, des Verkehrs, des Rechtsverkehrs, des Post- und Fernmeldewesens, des Gesundheitswesens, der Kultur,

des Sports, des Umweltschutzes und auf anderen Gebieten" (Artikel 7);
- Austausch von "ständigen Vertretungen" (Artikel 8).

Der wichtigste, weil in die Zukunft weisende Abschnitt des Grundlagenvertrags, ist Artikel 7. In einem beigefügten Briefwechsel ist jener von der DDR Ende 1972 noch völlig unterschätzte Mechanismus eingebaut, der den WANDEL DURCH ANNÄHERUNG praktisch überhaupt erst möglich macht: die schrittweise Verbesserung der Durchlässigkeit und Freizügigkeit im Innenverhältnis beider deutscher Staaten. Bonns Unterhändler Bahr damals: "Es wird ein großes Erlebnis für dieses Volk insgesamt sein. Und es wird sich herausstellen, daß die Begegnungen mehr über die Nation und ihre Zukunft entscheiden, als wenn das Wort 'Nation' hundertmal in Kommuniqués gestanden hätte."

Ausführlich berichtet das SED-Zentralorgan "Neues Deutschland" über Honeckers "Rügener Rede", den Höhepunkt der DDR-Abgrenzungskampagne gegenüber der BRD.

ıK Ne.- Deutschland / 7. Januar 1972 / Seite 3

ẹer Sozialismus gewann an Stärke – er Frieden ist sicherer geworden

ḍes Ersten Sekretärs des Zentralkomitees der Sozialistischen Einheitspartei Deutschlands, Honecker, vor Angehörigen der Nationalen Volksarmee auf Rügen

Genossen!
ẹutige Tag war für uns alle ein ụnd – ich darf sagen – sehr ḥes Erlebnis. Wir haben ausge- Leistungen gesehen. Haben wie vorbildlich ihr im Wett- „Kampfauftrag 72" um die Ent- sozialistischer Soldaten und ḷlektive ringt mit dem Ziel, die ṣe in der Gefechtsausbildung der Erhöhung der Gefechts- ạft ständig zu verbessern. Da- ṛt bekanntlich die Verwirk- einer eisernen Disziplin und gehört die strikte Erfüllung ḟehle. Mit Recht widmet ihr ge- ṣen Aufgaben – und davon wir uns überzeugen – beson- ṃerksamkeit.
ẹs, liebe Genossen, ist ein wich- ṭrag zur Erhöhung der Vertei- ṛaft unserer sozialistischen Hei- ṇ Schutz der sozialistischen und des friedlichen Lebens ḡer in der Deutschen Demo- ṇ Republik. Der Dienst in un- ṭionalen Volksarmee verlangt, ạlle wissen, harte Anstrengun- ḥt selten auch Entbehrungen ọnliche Opfer. Wir möchten Angehörigen der Technischen ẓierschule „Erich Habersaath" Fallschirmjägerbataillons, die Unteroffiziersschüler, Unter- und Offiziere der Garnison den Erfolgen, die ihr erreicht ganzem Herzen beglückwün-

ẹnnlich mit der ụnion verbunden

ẹnossen!
ẹs Jahr hat begonnen. In der Parteitag unserer Sozialisti- ḥeitspartei Deutschlands be- ṇ Linie bei der Gestaltung ịstischen Gesellschaft in un- ụblik werden wir Schritt für ẹiter vorangehen. Was in der ḡabe und in den Zielen des ḷanes festgelegt ist, dient dem Menschen, dem Glück des Vol- Interessen der Arbeiterklasse

Leben für den Schutz der gesamten sozialistischen Staatengemeinschaft einzusetzen und jedem Aggressor eine vernichtende Abfuhr zu erteilen.

Liebe Genossen!
Zusammen mit der Sowjetunion und den anderen Bruderländern beschreitet unsere Deutsche Demokratische Republik den Weg der sozialistischen ökonomischen Integration, der – wie alle Erfahrungen beweisen – richtig ist und sich vollauf bewährt hat. Das auf der XXV. Tagung des Rates für Gegenseitige Wirtschaftshilfe vereinbarte Komplexprogramm eröffnet dafür neue Möglichkeiten auf einer höheren Stufe. Schon heute ist klar, um wieviel mehr die noch engere Verzahnung der Volkswirtschaften unserer Staaten, ihre vertiefte allseitige Zusammenarbeit dem Fortschritt aller Teilnehmerländer von Nutzen sein und um wieviel sie das internationale Gewicht des Sozialismus vergrößern wird.

In dem Bestreben, den Zusammenschluß der Völker der sozialistischen Staatengemeinschaft allseitig zu fördern, haben wir bekanntlich mit der Volksrepublik Polen und der Tschechoslowakischen Sozialistischen Republik Abkommen getroffen, die dazu dienen werden, die persönlichen Kontakte zwischen den Menschen unserer Länder zu erleichtern und zu vertiefen. Wir sind überzeugt, daß dies Schritte sind, durch die wir das Bewußtsein der Gemeinsamkeit und Zusammengehörigkeit beim Aufbau der sozialistischen Gesellschaft, in den Interessen und Zielen der Arbeiterklasse und aller Werktätigen bestärken.

Wenn wir davon sprechen, daß damit eine neue historische Phase in den brüderlichen Beziehungen zwischen der Deutschen Demokratischen Republik, der Volksrepublik Polen und der Tschechoslowakischen Sozialistischen Republik eingeleitet wurde, dann geben uns alle Tatsachen recht. Der Imperialismus hat unsere Völker über viele Generationen hinweg entzweit, hat sie für seine Profite gegeneinander gehetzt, hat sie zum Haß gegeneinander erzogen. Der Sozialismus eint sie, tilgt das schändliche Erbe einer Vergangenheit für immer aus, in der Ausbeutung und

BRD noch immer von einem sogenannten „Gleichgewicht der Kräfte", vom angeblichen „atomaren Patt" oder von einer „Strategie des Gleichgewichts" reden, so wollen sie gerade diese entscheidende Tatsache vertuschen. Als Marxisten-Leninisten sind wir weit davon entfernt, den Gegner etwa zu unterschätzen. Im Gegenteil. Aber hinters Licht führen kann er uns auch nicht. Wir bleiben wachsam, halten das Pulver trocken und leisten unseren Beitrag, um die militärische Überlegenheit der Warschauer Vertragsstaaten über den imperialistischen Klassengegner ständig zu sichern. Auch hier gilt – und gerade hier –, daß Vorsicht besser ist als Nachsicht.

Wichtige Fortschritte bei der Sicherung des Friedens

Liebe Genossen!
Ohne Zweifel haben sich während der letzten Jahre und Monate in Europa beträchtliche Veränderungen vollzogen. Davon ging auch der Generalsekretär des Zentralkomitees der Kommunistischen Partei der Sowjetunion, Genosse Leonid Breshnew, aus, als er unlängst erklärte, Europa gehe offenbar einer neuen historischen Phase entgegen, die im Zeichen der friedlichen Koexistenz und der für alle Seiten nützlichen, friedlichen Zusammenarbeit stehen kann.

Zum erstenmal in diesem Jahrhundert eröffnet sich also die Möglichkeit, daß der europäische Kontinent aus einem imperialistischen Kriegsbrandherd zu einem Kontinent des Friedens und der Sicherheit wird. Ist das so, weil sich etwa der imperialistische Wolf über Nacht in ein sanftes Schaf verwandelt hätte? An ein solches Märchen kann nicht einmal sein Erfinder im Ernst glauben.

Die Wahrheit ist, daß die wachsende Macht und Stärke der Sowjetunion und der Gemeinschaft der sozialistischen Staaten Bedingungen geschaffen haben, unter denen der Imperialismus dem Zwang nicht entrinnen kann, sich auf eine andere politische Landschaft einzu-

Herzliche Begrüßung Erich Honeckers durch Unteroffizier Renate Ocrob

teil der sozialistischen Staatengemeinschaft ist. Das alles ist für uns und für die Sache des Friedens nur von Vorteil. Kurz gesagt: Unsere konsequente Politik der Profilierung der Deutschen Demokratischen Republik als sozialistischer Staat im Herzen Europas hat sich ausgezeichnet bewährt. Das ist übrigens auch die beste Voraussetzung für eine aktive und erfolgreiche Politik der friedlichen Koexistenz zwischen Staaten mit

len, Beziehungen, wie sie zwischen souveränen, voneinander unabhängigen Staaten üblich sind. Es ist also völlig sinnlos, daß manche Leute in der BRD immer wieder die alte Platte von irgendwelchen sogenannten innerdeutschen Beziehungen auflegen. Von solchen seltsamen „Beziehungen" kann keine Rede sein. Im Gegenteil.

Wenn in diesem Zusammenhang sich die Massenmedien der BRD während

Wir werden auch künftig gegenüber der BRD eine prinzipielle Politik betreiben, so wie sie vom VIII. Parteitag unserer Partei beschlossen und auf der 4. Tagung des Zentralkomitees erneut bekräftigt wurde. Diese Politik zielt darauf ab, die Deutsche Demokratische Republik fest in der sozialistischen Staatengemeinschaft zu verankern, vor allem das brüderliche Bündnis mit der Sowjetunion zu vertiefen und – gestützt darauf – einen aktiven Kurs der friedlichen Koexistenz zu verfolgen. Er dient dazu, möglichst günstige äußere Bedingungen für die weitere Entwicklung der sozialistischen Gesellschaft auf dem von unserem VIII. Parteitag gewiesenen Wege zu schaffen. Das ist sowohl für die Arbeiterklasse und das ganze Volk in unserer Republik als auch für die Werktätigen der BRD von Vorteil.

Der Imperialismus bleibt aggressiv und gefährlich

Liebe Genossen!
In der durch die Kraft des Sozialismus veränderten und sich ständig weiter verändernden Welt unserer Tage kann der Imperialismus seine Ziele nicht mehr verwirklichen wie vor 30 oder gar vor 50 Jahren. Dennoch bleibt er aggressiv, tückisch und gefährlich. Wie die barbarischen Kriegsabenteuer gegen die Völker in Vietnam, Kambodscha, Laos und in den arabischen Staaten zeigen, wird der Feind sich nicht scheuen, die Waffen sprechen zu lassen, wo und wann er nur die geringste Aussicht wittert, seine Aggressionspläne zu realisieren. Daran kann niemand vorbei.

Wir haben deshalb allen Grund, keine Minute lang in unserer politischen und militärischen Wachsamkeit nachzulassen. Unser Feindbild stimmt genau. Am Bild gibt es nichts zu ändern, da sich der Feind selber nicht geändert hat.

Unsere Partei und die Regierung unserer Republik tragen Sorge dafür, daß die Landesverteidigung auf dem erforderlichen Niveau gehalten wird und unsere Nationale Volksarmee jederzeit über alle personellen und materiellen Voraussetzungen verfügt, um als moderne sozialistische Armee an der Seite der Sowjetarmee und der anderen Bruderarmeen ihre Aufgaben zu erfüllen.

Auf der 8. Delegiertenkonferenz der Parteiorganisationen der SED in der Nationalen Volksarmee habe ich bereits darauf hingewiesen, daß die vom VIII

Die deutsche Frage bleibt auch nach Abschluß des Grundlagenvertrags offen. Mehr noch als vorher. Kaum ist jedoch die Tinte unter dem Abkommen trocken, beginnt erst einmal eine Phase der deutsch-deutschen Ernüchterung.

7. Zäsur

Mit der Unterzeichnung des Grundlagenvertrags ist die ostpolitische Erneuerung durch die sozial-liberale Koalition im wesentlichen abgeschlossen. Was jetzt noch fehlt, ist der internationale Stempel der Anerkennung für die entspannungspolitischen Entscheidungen der Jahre 1969 bis 1972:

Erster Akt soll die Aufnahme beider deutscher Staaten in den Kreis der Vereinten Nationen sein. Doch da kommt, durchaus nicht unerwartet, Störfeuer aus Bayern.

Der Freistaat reicht beim Bundesverfassungsgericht Klage gegen den Grundlagenvertrag ein. Er sei verfassungswidrig, wird in der Münchner Staatskanzlei behauptet. Ist der Vertrag zwischen Bonn und Ost-Berlin vereinbar mit dem grundsätzlichen Wiedervereinigungsgebot?

So also führt der Weg zur UNO über die Richter in Karlsruhe. Die Überprüfung des Vertragstextes durch das höchste Bundesgericht hält dem Verfassungsauftrag stand. Das Urteil am 31. Juli '73 lautet: "Der Grundlagenvertrag ist k e i n Teilungsvertrag."

Die Begründung zum Urteil ist umfangreich und bedeutend für die künftige Auslegung in Bezug auf Deutschlands "nationale Frage". Die Kernaussage der obersten Verfassungshüter besagt nämlich, daß die Bundesregierung durch den Grundlagenvertrag "nicht den Rechtstitel verliert, überall im internationalen Verkehr, auch gegenüber der Deutschen Demokratischen Republik, nach wie vor die staatliche Einheit des deutschen Volkes im Wege seiner freien Selbstbestimmung fordern zu können und in ihrer Politik dieses Ziel mit friedlichen Mitteln und in Übereinstimmung mit den allgemeinen Grundsätzen des Völkerrechts anzustreben. Der Vertrag ist kein Teilungsvertrag, sondern ein Vertrag, der weder heute noch für die Zukunft ausschließt, daß die Bundesregierung jederzeit alles ihr mögliche dafür tut, daß das deutsche Volk seine staatliche Einheit wieder organisieren kann. Er kann ein erster Schritt sein in einem langen Prozeß, der zunächst in einer dem Völkerrecht bekannten verschiedenen Varian-

Die internationale Anerkennung der DDR beginnt mit dem Beitritt beider deutscher Staaten zur UNO.

KSZE-Konferenz in Helsinki . . .

. . . Europäischer Schlußstrich unter Deutschlands Teilung.

ten einer Konföderation endet, also ein Schritt in Richtung auf die Verwirklichung der Wiedervereinigung des deutschen Volkes in einem Staat, also auf die Reorganisation Deutschlands."

Die Urteilsbegründung der Verfassungsrichter liest sich wie eine juristische Auslegung des politischen Ziels eines "Wandels durch Annäherung". In jedem Fall ist der Interpretationsmaßstab des Grundlagenvertrags damit gesetzt und die Formel "zwei Staaten - eine Nation" rechtens. Dem feierlichen Akt am 18. September '73 steht nun nichts mehr im Weg. Zu den Klängen des "UNO-Marsches" ziehen die DDR als 133. und die Bundesrepublik als 134. Staat in die Vereinten Nationen ein.

Zweimal Schwarz-Rot-Gold; einmal mit Hammer und Zirkel in der Mitte, für die Welt ist das der Schlußstrich unter ein Vierteljahrhundert Querelen um die deutsche Teilung! Die darauffolgende Anerkennungswelle für die Deutsche Demokratische Republik beweist es. Von Seiten der Bundesregierung wird jene Entwicklung durchaus nicht nur bedauert. Kann sie nicht mit einiger Erwartung darauf spekulieren, daß ein außenpolitisch steigendes Selbstbewußtsein der SED-Staatsführung langfristig die Freiheit im innerdeutschen Verhältnis erhöhen wird?!

Die internationalen Rückwirkungen der Bonner Ostpolitik erreichen Ende 1975 ihren Höhepunkt. Dem gesamteuropäischen Entspannungsprozeß sozusagen "die Krone" aufzusetzen, bleibt schließlich und endlich immer noch den beiden Supermächten vorbehalten.

Nach zwei Jahren harter Verhandlungen ist es den USA und der UdSSR gelungen, ihre bilateral erzielten Beiträge zur Entspannung (vor allem die Vereinbarungen über Truppenreduzierungen in Mitteleuropa = SALT) mit jenen der übrigen europäischen Staaten zu koordinieren und in den multilateralen Prozeß der "Konferenz für Sicherheit und Zusammenarbeit in Europa" (KSZE) zu überführen. Damit sind die zwei grundlegenden Bedingungen für einen Gesamterfolg der länderübergreifenden Ost-West-Entspannung erfüllt. Sie lauten: 1. Stabilisierung des politischen Status quo und 2. Stabilisierung des militärischen Status quo in Europa.

Am 1. August '75 beginnt eine neue Ära für den alten Kontinent: 35 Staaten unterzeichnen in der finnischen Hauptstadt Helsinki die Schlußakte der KSZE. Sie bedeutet nicht weniger, als eine gegenseitige garantierte gesamteuropäische Friedensordnung.

KP-Generalsekretär Leonid Breschnew ist am Ziel seiner Wünsche angekommen: Wenn das Ende des Zweiten Weltkriegs schon keine Friedenskonferenz hervorgebracht hat, so haben doch alle 35 Länder endlich, drei Jahrzehnte später, die "Realitäten" anerkannt. Aber auch der Westen hat gewonnen: Moskau und seine Satelliten erkennen Amerikas und Kanandas Rolle im europäischen Sicherheitssystem voll an. Auf einen kurzen Nenner gebracht: Das transatlantische Bündnissystem wird als wichtiger Bestandteil des europäischen Sicherheitssystems vom Osten akzeptiert.

Bundeskanzler Helmut Schmidt und Erich Honecker bei der Unterzeichnung des Schlußdokuments der KSZE.

In Helsinki werden Regeln für die weitere Zusammenarbeit zwischen West und Ost vereinbart. Während der Westen dabei die Menschenrechte in den Mittelpunkt rückt, stellt des Osten die Unverletzlichkeit der Grenzen in den Vordergrund.

Beide, äußerst unterschiedlichen, Perspektiven der künftigen Kooperation erhalten gleichberechtigt Brief und Siegel, für die Sowjetunion auf lange Sicht ein Zeitzünder mit ungeahnter Wirkung!

Welche Auswirkungen hat die KSZE - Schlußakte auf die Nation der Deutschen?

1. International verschwindet das Thema bis auf weiteres von der Tagesordnung.

2. In der Bundesrepublik ist die Auseinandersetzung um die "Wiedervereinigung" vorläufig gelaufen.

3. Auch bei den Bürgern der DDR setzt sich die Teilung Deutschlands als mittelfristig unveränderliches Faktum durch.

Was bleibt, ist nur die Einsicht, daß die Spaltung der Nation wohl so lange bestehen wird, wie die Sowjetunion ein vitales Interesse daran hat. Umfrageergebnisse Ende der siebziger Jahre belegen: Auch wenn die Mehrheit der Westdeutschen davon überzeugt ist, daß die Einheit "irgendwann" einmal schon kommen wird, so hält doch kaum mehr einer die "nationale Frage" für den wichtigsten Auftrag an die Bonner Regierungspolitik.

Ein deutsch-deutsches Wir-Gefühl besteht ohnedies so gut wie nicht mehr, höchstens noch beim Sport. Die Fußball-Weltmeisterschaft von 1974 hat allerdings auch hier eher neue Gräben aufgerissen, als alte zugeschüttet. Das Spiel Bundesrepublik-DDR: mehr als nur ein Fußball-match! Eher schon ein deutscher Bruderkampf. Der "Kleine" schlägt den "Großen". Was also ist damals überhaupt noch d e u t s c h ?

KAPITEL III

ZWEI STAATEN - EINE NATION

1. Von der Unvermeidbarkeit, eine Nation zu sein

In seiner Antrittsrede als Bundespräsident hat Gustav Heinemann 1969 von dem "schwierigen Vaterland" der Deutschen gesprochen. Bemerkenswert ist, daß nach dem vorläufigen Höhepunkt des Entspannungsprozesses im Jahre 1975 plötzlich eine Debatte um die Frage einsetzt: Was ist eigentlich das Besondere an diesem schwierigen Vaterland?

Ganz offensichtlich spüren die Deutschen in West und Ost, daß mit dem Grundlagenvertrag und der KSZE politische Vereinbarungen von solcher Tragweite getroffen wurden, daß diese einer festen Existenzgarantie für die Bundesrepublik und die DDR auf absehbare Zeit gleichkommen. Eine solche Erkenntnis bleibt nicht ohne Rückwirkung auf das Identitätsverständnis der Deutschen.

Jugendweihefeier in Ost-Berlin 1977

Ost-Berlin, 1. Mai 1969

Solange die bundesdeutschen und die DDR-Bürger noch vom Übergangscharakter der deutschen Teilung ausgehen konnten, bot sich ihnen die Möglichkeit, eine eindeutige Klärung ihres staatlichen Selbstverständnisses hinauszuschieben. Damit ist nun, dreißig Jahre nach Ende des Zweiten Weltkriegs, Schluß.

Schlagworte wie "deutsche Provisorien" oder "unvollendete Republiken" bieten keine Perspektive mehr. 1975 scheint es, als habe das Vaterland der Deutschen die vorläufige Endstation einer leid- und wechselvollen Geschichte erreicht. Sollen und dürfen die Menschen in der Bundesrepublik und in der Deutschen Demokratischen Republik ihre Loyalität zur Nation also auf den jeweils west- und ostdeutschen Teilstaat übertragen?

Darin liegt der springende Punkt. Denn wenn DDR und Bundesrepublik im Bewußtsein ihrer Bürger als Definitivum anerkannt werden, ist auf Dauer die Entwicklung eines ost- bzw. westdeutschen Patriotismus oder Wir-Gefühls wohl unvermeidbar. Kein Gemeinwesen kann auf längere Sicht ohne die Identität von Staat und Staatsvolk auskommen, freiwillig oder erzwungen.

Wie ist dieses "Wir" für die West-Deutschen in der zweiten Hälfte der siebziger Jahre zu erfassen und zu beschreiben?

Die Menschen merken zunehmend, daß zum Gemeinschaftsbewußtsein so etwas wie geschichtliches Bewußtsein gehört. Zukunftsperspektiven ohne Einbeziehung der Frage: Wo komme ich her? fehlte bislang jede ideelle Dimension. Diese Haltung wird nun korrigiert.

Geschichtliches Bewußtsein aber heißt: Nationalbewußtsein; freilich nicht im Sinne einer verabsolutierten "vaterländischen Gesinnung", sondern als Synonym für Freiheit und die demokratische Tradition in der deutschen Geschichte. Vor allem dort, wo die Unfreiheit als Herausforderung zur kritischen Auseinandersetzung verstanden wird, ist ein gewandeltes Geschichts- und damit Nationalverständnis möglich. Das hat mit historischem Verdrängungsmechanismus nichts mehr zu tun. Im Gegenteil: hier ist sogar historisches Konkurrenzbewußtsein gefragt. Denn sowohl die Bundesrepublik, wie auch die DDR, erheben beide Anspruch auf die gleiche deutsche Geschichte und sehen sich beide als die "wahren" Hüter und Erben der besten deutschen Traditionen.

X. Jugendweltfestspiele 1973 in Ost-Berlin

Ein Beispiel: Beide Staaten berufen sich bei den herausragenden historischen Leistungen des deutschen Volkes auf die Reformation. Der feine Unterschied: Die DDR-Deutschen reklamieren die fortschrittlichen Ideen für Wittenberg, die Bundesdeutschen für Worms; bedauerlicherweise war es aber hüben wie drüben ein und derselbe Martin Luther!

Natürlich werden die gemeinsamen deutschen Traditionen mit markanten Begriffsunterschieden von erheblicher politischer Tragweite besetzt. Während die DDR unter Geschichtsbewußtsein stets "Klassenbewußtsein" versteht und es deshalb auch im Sinne des Klassenkampfs mit der "imperialistischen Bundesrepublik" einsetzt, neigt der Weststaat eher dazu, Geschichtsbewußtsein als eine gemeinsame Kultur- und Sozialgeschichte hervorzuheben. Aus diesem völlig gegensätzlichen Zugang zur Vergangenheit entsteht ein neues Problem für die Identität des Deutschen: Sie muß von der Tatsache ausgehen, daß zur staatlichen Teilung nun auch noch die Teilung der Geschichte tritt! Das Merkwürdige dabei ist, daß überhaupt erst eine mit stabilem Geschichtsbewußtsein ausgestattete Bundesrepublik, wie auch DDR, die Voraussetzung dafür bietet, die harte Aueinandersetzung um das "bessere" politische System zu führen, im Innenverhältnis der beiden deutschen Staaten, wie auch im Verhältnis zu den Nachbarn. Im ersten umfassenden Systemvergleich von BRD und DDR kommt Wolfgang Behr 1979 zu dem Ergebnis, daß der deutsch-deutsche Rückgriff in bestimmte Traditionsbestände der gemeinsamen Nation aber "keine Folgerung dahingehend zuläßt, daß dies zu Änderungen im DDR-Herrschaftssystem und im ideologischen System im Sinne einer Konvergenz" führen könnte, obwohl er Anzeichen für "Wandlungserscheinungen in beiden Systemen" sieht. Im Klartext: Der verschärfte Wettbewerb der Systeme führt nicht zwangsläufig zu einer Annäherung in der nationalen Frage. Werner Weidenfelds Hinweis, "daß die Einheit der Deutschen nicht den deutschen Einheitsstaat bedeuten müsse, sondern daß es andere Formen des Zusammenlebens gebe, die es zu definieren gelte", unterstreicht Wolfgang Behrs Beobachtung.

Freilich sollte man die langfristigen historischen Traditionen, die das Bewußtsein einer politischen Gemeinsamkeit aller Deutschen haben entstehen lassen, in ihrer Wirkungskraft nicht unterschätzen. "Besondere historische Konstellationen und bisweilen auch die bewußte Manipulation von Regierungen mögen zwar dazu führen, diese zeitweilig unter die Oberfläche des politischen Bewußtseins zu drängen oder in ihrer Richtung abzufälschen, aber in veränderten Verhältnissen können sie gleichwohl eruptiv wieder zutage treten." (Wolfgang Mommsen).

Genau dies wird zehn Jahre später, 1989, in der DDR geschehen.

Die Anstrengungen der SED, ihr Staatsvolk während der siebziger Jahre zu einer sozialistischen Klassennation umzuformen, taugen wenig dazu, selbst geschichtsprägend zu wirken. Trotzdem spüren die Menschen in Ost- und Westdeutschland nach Abschluß der neuen Ostpolitik, daß sich ihr Verhältnis zur nationalen Identität ändert. Das liegt an den neuen Orientierungspunkten, die der Entspannungsprozeß hervorgebracht hat.

Der Bundesrepublik kommt dabei zugute, daß sie sich, dank ihrer freiheitlichen Grundordnung, im Systemvergleich mit der DDR in einer glaubwürdigeren Ausgangsposition befindet, das "Erbe der deutschen Vergangenheit" anzutreten. Auch der materielle Erfolg der Bundesrepublik bleibt als "Einheitsideal" durchaus weiter positiv besetzt; um so mehr wie die DDR-Volkswirtschaft ins Chaos stürzt.

Schlußfolgerung: Über alle realpolitischen Entwicklungen hinweg behält die Frage nach der nationalen Identität gerade dann ihre Mehrdeutigkeit, wenn sie für viele, zum ersten Mal überhaupt, "eindeutig" bestimmbar scheint! "Damit ist die Geschichte der deutschen Frage in ihre Normallage zurückgekehrt, in der sie sich über Jahrhunderte hinweg befand: nämlich der Existenz einer deutschen Kulturnation in der Mitte Europas, die in

"Im Komplexeinsatz birgt eine Jugendbrigade des Bezirks Karl-Marx-Stadt mit sieben Mähdreschern täglich von den frühen Morgenstunden an bis abends gegen 22.ooUhr das Korn".

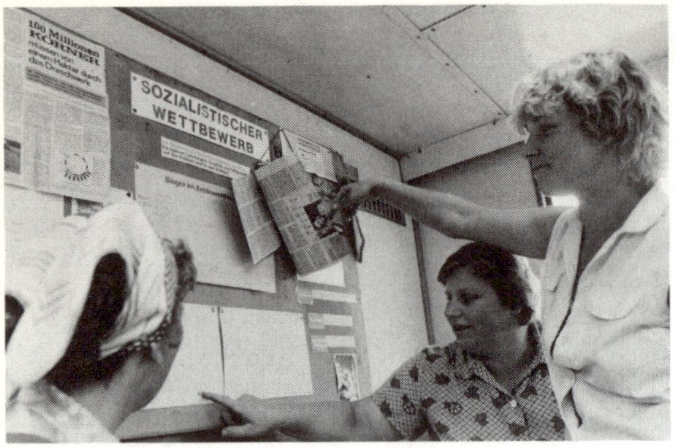

"Vor Schichtbeginn werfen die Mähdrescherfahrerinnen der LPG in Gerdshagen einen Blick auf die aktuelle Erntewandzeitung im Aufenthaltswagen am Feldrand."

mehrere Staatsnationen gespalten ist." (Mommsen). Bei einem so begründeten Kontinuitätsverständnis deutscher Staatlichkeit bleibt die Möglichkeit prinzipiell bestehen, die politischen Widersprüche zwischen der Bundesrepublik und der DDR irgendwann einmal doch aufzuheben.

Die Frage, die sich dann stellt, ist eine andere: Wie können, nach langen Jahren unterschiedlicher Lebens- und Alltagserfahrungen in BRD und DDR, die Menschen ihre Gefühls- und Bewußtseinsdistanz überwinden?

Das Vaterland bleibt schwierig.

2. Von Schmidt zu Kohl

Nach viereinhalb Jahren Kanzlerschaft nimmt Willy Brandt Abschied von der Macht in Bonn. Scheitern läßt ihn nicht seine Politik, sondern ein DDR-Spion. Sein Name: Günter Guillaume. In der Maske des persönlichen Kanzler-Referenten hatte er seine Auftraggeber fortlaufend darüber informiert, was die Bundesregierung plante und machte. Ost-Berlin wußte jederzeit über jeden Schritt Bonns im voraus Bescheid. Brandt übernimmt dafür am 6.5.'74 die politische Verantwortung.

Der Nachfolger im Bundeskanzleramt heißt Helmut Schmidt. Sein Temperament und Führungsstil ist grundverschieden von dem Willy Brandts. Während der vierte Bundeskanzler in moralischer Autorität und Überzeugungskraft die Hauptelemente seiner Machtausübung sah, wird dem fünften Kanzler mehr Pragmatik, beißende Rhetorik und Arroganz nachgesagt.

Helmut Schmidt, ehemaliger Innensenator der Hansestadt Hamburg, danach Fraktionsvorsitzender der SPD im Deutschen Bundestag, anschließend Verteidigungsminister und zuletzt Brandts Finanzminister, setzt sofort andere Akzente in der sozialliberalen Regierungspolitik. Die intensive Periode des "historisch zwingenden" ist abgeschlossen. Die

Der Vorgänger und sein Nachfolger, Brandt und Schmidt.

Phase der Stabilisierung des Erreichten setzt nun ein.

Die ost- und innerdeutschen Beziehungen bleiben ein wichtiger Angelpunkt im Regierungsprogramm Helmut Schmidts. Doch vor allem muß er mit ganz neuen Herausforderungen der siebziger Jahre fertig werden: den erstmals deutlich sichtbaren Grenzen des Wirtschaftswachstums, den Folgen des "Ölschocks", Streiks, der Umweltverschmutzung und dem Kampf gegen den RAF-Terrorismus.

Weil alle diese Probleme nicht nur hausgemacht sind, sondern zum generellen Erscheinungsbild der westlichen Industriegesellschaften gehören, schwingt zwangsläufig das Pendel von der Ostpolitik zur Westpolitik und hier speziell zur Wirtschaftspolitik zurück. Kurzum: Praktische Lösungen in ökonomischen und finanzpolitischen Angelegenheiten, aber auch auf dem Feld der inneren Sicherheit sind mehr gefragt als großartige politische Visionen. Erst eine dramatische Klimaverschlechterung zwischen den Supermächten USA und UdSSR rückt die Bonner Ost- und Deutschlandpolitik wieder mehr in den politischen Vordergrund.

Kanzler Helmut Schmidt und US-Präsident Jimmy Carter: Ein Lächeln in stürmischen Zeiten.

Während der Westen noch 1975 davon ausgegangen war, daß sich die Entspannung auf der Grundlage der KSZE-Ergebnisse kontinuierlich fortentwickeln würde, muß er zum Ende der siebziger Jahre feststellen, daß sich die Sowjetunion immer weiter von den getroffenen Vereinbarungen entfernt hat. Die Liste der Verstöße ist alarmierend. Die Rüstungskontrolle, ein Kernpunkt der KSZE, hat die UdSSR durch eine massive Aufrüstung unterlaufen, die Verpflichtung zur Einhaltung der Menschenrechte, ein weiteres zentrales Anliegen der KSZE, wird von Moskau ignoriert, die Unverletzlichkeit der Grenzen außerhalb Europas respektiert der Kreml auch nicht.

Wie Schuppen fällt es dem Westen von den Augen: Entspannung ist für Leonid Breschnew letzten Endes auch nichts weiter, als die Fortsetzung des Kalten Kriegs mit anderen taktischen Methoden, getreu dem Grundsatz "die kommunistische Weltrevolution wird siegen". Egal wie.

Der Widerstand des Westens gegen die Sowjetunion wächst in dem Maße, wie Moskau fortgesetzt und völlig unbeeindruckt von immer lauter werdenden Warnungen, seinen Konfrontationskurs weitersteuert.

Drei Entwicklungen bewirken die völlige Erosion der west-östlichen Entspannungspolitik:

- Moskaus Eingreifen in Angola, in Äthiopien, im Jemen und, besonders dramatisch, in Afghanistan;
- die Unterdrückung der "Charta 77"-Menschenrechtsorganisation in der Tschechoslowakei und der "Solidarnocz"-Streikbewegung in Polen;
- die massive Stationierung modernster SS-20 Mittelstreckenraketen genau an jenen Grenzen, deren "friedlichen Charakter" die Sowjetunion nicht müde wird, hervorzuheben.

An der Wende zu den achziger Jahren rächt sich, was der Westen fünf Jahre vorher im Taumel der

Deutsch-deutsche "mini-détente": Unterzeichnung des Kulturabkommens 1986. Staatssekretär Bräutigam (BRD) und der stellvertretende Außenminister der DDR, Nier, tauschen die Unterzeichnungsurkunden aus.

Entspannung vergessen hatte, in den KSZE-Prozeß miteinzubauen: ein mit der UdSSR abgestimmtes Konzept für's Krisenmanagement, falls es Probleme gibt.

Wen kann es da wundern, wenn folglich beide Supermächte wieder in die finstersten Praktiken des Kalten Krieges zurückfallen und nurmehr auf eigene Faust handeln. Auch die letzte Tugend aus der Entspannungszeit, die "Berechenbarkeit" des ideologischen Gegners, wird von der Administration in Washington leichtfertig über Bord geworfen. Der völlige Entspannungs-Blackout ist vor allem zwei Männern zu verdanken, die neuerdings im Weißen Haus die Richtlinien der Außenpolitik bestimmen: Präsident Jimmy Carter und seinem Sicherheitsberater Zbigniew Brzezinski. Beide sind fest entschlossen, mit allen den Vereinigten Staaten zur Verfügung stehenden Machtmitteln wirtschaftlichen und politischen Druck auf die Sowjetunion auszuüben, um sie zur Kurskorrektur in der Entspannungspolitik zu zwingen.

Auch wenn die Motive des von unverkennbarem persönlichen Sendungsbewußtsein geleiteten US-Präsidenten moralisch durchaus ehrenwert sind, zeugt besonders die von ihm gegen die Sowjetunion inszenierte Menschenrechtskampagne von seinem völligen Unvermögen, die ganz anderen Traditionen, Mentalität und Wertewelt der Russen ins politische Kalkül miteinzubeziehen. Der Effekt seiner idealistischen Politik vis a vis Moskau verkehrt sich deshalb rasch ins Gegenteil der gutgemeinten Absicht: Sein Gegenspieler Breschnew interpretiert Carters Kampagne als direkten Angriff auf die bislang vom Westen unbestrittene Führungsrolle des Kreml über den gesamten Ostblock. Also reagiert Breschnew so, wie er aus seinem Herrschaftsverständnis heraus nur reagieren kann. Er zieht die ideologischen, militärischen und polizeilichen Daumenschrauben in seinem Machtbereich noch weiter an. Durch diesen prinzipiell falschen Ansatz ist der Fehlschlag der Carter'schen Ostpolitik vorprogrammiert und eben auch der Entspannungsprozeß grundsätzlich gefährdet.

Demonstration gegen den NATO-Nachrüstungsbeschluß.

Niemand in Europa bestreitet damals, daß die Ost-West-Entspannung einen schweren Rückschlag durch Moskaus Politik erlitten hat; aber viele fragen sich, warum Präsident Carter nicht begriffen hat, was ein Rückfall in die brutale Anwendung der Breschnew-Doktrin bedeuten würde. Kann oder will er sich nicht an Ost-Berlin 1953, Budapest 1956 oder Prag 1968 erinnern und an die Machtlosigkeit des Westens in solchen Momenten?

Für das innerdeutsche Verhältnis sind die möglichen Rückwirkungen jener viel zu kurzatmigen US-Außenpolitik noch gefährlicher. Die Bundesregierung muß darauf achten, die Möglichkeiten für eine ganz praktische Fortentwicklung der deutsch-deutschen Beziehungen nicht zu verschütten. Der vielzitierte WANDEL DURCH ANNÄHERUNG hat anders nämlich keine Überlebenschance. Und auf dem beschwerlichen Acker der innerdeutschen Entspannung ist die 5-Jahres-Ernte gar nicht einmal so schlecht: Die Familienzusammenführung klappt besser, die Handels-, Wirtschafts- und Wissenschaftskontakte wurden ständig vertieft, im Post- und Fernmeldewesen gibt es immer mehr Verbindungen zwischen beiden deutschen Staaten, der touristische Reiseverkehr in die DDR und der Jugendaustausch nehmen kontinuierlich zu und selbst die Zusammenarbeit im Gesundheits-, Forst- und Grenzwesen wird fortlaufend ausgebaut. Auf allen diesen kleinen Schritten der Annäherung basiert nach wie vor ein visionäres Ziel: Damit die Grundlagen zu schaffen für eine, allerdings sehr langfristige, Wiedervereinigungspolitik.

Jenes nationale Anliegen muß der Bundeskanzler berücksichtigen, wenn er vom US-Präsidenten aufgefordert wird, Westdeutschland künftig stärker an Amerikas härterer Gangart gegenüber Moskau auszurichten.

Schmidt aber denkt nicht daran, sich durch einen Total-Kollaps der Ost-West-Entspannung den soeben erst mühsam erweiterten innerdeutschen Bewegungsspielraum wieder einschränken zu lassen. Besonders deutlich wird das im Streit mit der Carter-Administration über das Erdgas-Röhrengeschäft Bonns mit der Sowjetunion. In dieser, wie ähnlichen Fragen, setzt sich Schmidt über die Bedenken des Präsidenten entschlossen hinweg, um

Atomwaffengegner demonstrieren Anfang der achtziger Jahre in Bonn. Delegationen aus zahlreichen Ländern nehmen an der Kundgebung auf dem Münsterplatz teil.

wenigstens im bilateralen deutsch-russischen Verhältnis das Boot der Entspannung nicht auf Grund zu setzen.

Die selbstbewußte Eigenständigkeit der Bundesrepublik im Handeln gegenüber der zweiten Supermacht ist Amerika ein Dorn im Auge. Die Beziehungen zwischen Bonn und Washington geraten deshalb immer mehr in eine Krise. Erst als sich die Bundesregierung mit Blick auf die verschärfte internationale Lage in Afghanistan dazu bereiterklärt, Präsident Carters neuartiger militärischer Nachrüstungsideologie ("Abrüstung durch Aufrüstung") zu folgen, stabilisiert sich das transatlantische Verhältnis wieder.

Worum geht es bei der Nachrüstung?

Schmidt teilt im wesentlichen Carters Meinung, daß der militärische Aspekt nicht länger außerhalb der Sicherheits- und Entspannungspolitik mit dem Osten stehen darf, sondern, wie das sowjetische Engagement in Afghanistan beweist, ein Bestandteil derselben werden muß. Anders gesagt: Für die USA ist die Entspannung nur weltweit interessant und deshalb auch nicht teilbar; für die Sowjetunion hingegen gilt die Unteilbarkeit der Entspannung, wenn überhaupt, nur in Zentraleuropa. Außerhalb, zum Beispiel in der Dritten Welt, ist sie sehr wohl dann teilbar, wenn dies der Förderung von Moskaus weltrevolutionären Zielen dient, wie etwa in Kabul.

Die Situation verschärfend kommt hinzu, daß der Westen über die fortgesetzte Stationierung der neuartigen atombestückten SS-20 Mittelstreckenraketen hinter dem "eisernen Vorhang" äußerst beunruhigt ist. Welcher Sinn steckt dahinter? Will Breschnew, nachdem es ihm im Windschatten der KSZE- und SALT-Vereinbarungen doch gelungen ist aufzurüsten, nun die gesamte strategische Balance zwischen dem Warschauer Pakt und der NATO aus den Angeln heben?

Die westliche Allianz reagiert. Auf Betreiben Helmut Schmidts wird der sogenannte NATO-Doppelbeschluß angenommen. Im Kern besagt er folgendes: Die europäischen NATO-Staaten verpflichten sich, auf ihrem Territorium mit 108 Pershing II und 464 Cruise Missiles innerhalb von zwei Jahren nachzurüsten, um das militärische Gleichgewicht wiederherzustellen. Sollte sich die Sowjetunion innerhalb dieser Frist jedoch dazu bewegen lassen, ihr SS-20 Arsenal abzubauen, entfällt die Verpflichtung zur Nachrüstung.

Innenpolitisch ist der Doppelbeschluß für die Bundesregierung riskant. In einem Land, in dem sowieso schon die weltweit größte Konzentration von atomarem Vernichtungspotential pro Quadratkilometer lagert, bekommen die Bürger Angst vor noch

Der Protest drückt sich auf phantasievolle Weise aus.

mehr Raketen, noch mehr Atomkraft und noch mehr Rüstungswettlauf. Die Antwort bleibt nicht aus: Demonstrationen und Gewalt. Auch Helmut Schmidts linke SPD-Parteibasis rebelliert. Moskau nutzt die Gunst der Stunde und setzt den Hebel exakt dort an, wo er am meisten Wirkung verspricht, die NATO-Nachrüstung zu Fall zu bringen: in den innerdeutschen Beziehungen!

Innerdeutsches Tauwetter trotz internationaler Eiszeit. Nach elf Jahren wieder ein Gipfeltreffen im Dezember 1981 - diesmal am Werbellinsee.

Konsequent wird die SED gezwungen, Fortschritte mit Bonn so lange zu verweigern, bis die Bundesrepublik nachgibt. Auf dem 10. Parteitag der SED im April '81 erklärt der DDR-Staats- und Parteichef denn auch artig, daß sich die "Beziehungen zwischen beiden deutschen Staaten von der internationalen Situation nicht abkoppeln ließen und fügt drohend hinzu: "Wer die NATO-Hochrüstung vorantreibt, wer mit neuen Atomraketen das militärisch-strategische Gleichgewicht in Europa antastet, der schafft Tatbestände, die gegen die weitere Normalisierung der Beziehungen zwischen den beiden deutschen Staaten wirken und Erreichtes gefährden!"

Die Bundesregierung reagiert auf diesen Ost-Berliner Propagandaausfall zurückhaltend: Man sei an der Fortsetzung des innerdeutschen Dialogs nach wie vor interesseirt, lehne aber eine Verkopplung der innerdeutschen Beziehungen mit den allein die Bundesrepublik betreffenden bündnispolitischen Entscheidungen der NATO strikt ab.

Daß die DDR trotz verschärfter internationaler Spannungen dennoch nach Möglichkeiten sucht, wenigstens so etwas wie eine deutsch-deutsche "Mini-Entspannung" aufrechtzuerhalten, wird nach Schmidts Regierungserklärung vom 3. Dezember '81 deutlich. DDR und Bundesrepublik sollten sich, so Schmidt, "nicht gegenseitig blockieren," indem sie "unerfüllbare Forderungen" stellten. Honecker reagiert mit der Zusage zu einem Gipfeltreffen führender Politiker beider deutscher Staaten noch im selben Monat.

Nach mehreren Verschiebungen, zuletzt wegen der dramatischen Entwicklung in Polen, kommen Helmut Schmidt und ein Teil seiner Regierungsmannschaft am 11. Dezember '81 in die DDR. Allein die Tatsache, daß in diesen politisch brisanten Zeiten die Deutschen wieder miteinander reden, ist schon eine Sensation. Elf Jahre nach Erfurt und

Kassel wieder ein Meinungsaustausch, diesmal im Schloß Hubertusstock am Werbellinsee. Greifbares Ergebnis ist die gegenseitige Zusicherung, daß der Dialog fortgesetzt wird. Schmidt weiß, die DDR braucht ihn, weil sie nur mit DM-Milliarden aus dem Bonner Bundeshaushalt überleben kann; Honecker weiß, die BRD will ihn, weil sie mit harter West-Mark Hoffnung kauft, Hoffnung, daß die deutsche Frage offenbleibt. Mehr ist zu diesem Zeitpunkt nicht zu machen.

Ein dreiviertel Jahr später wird Helmut Schmidt durch ein konstruktives Mißtrauensvotum im Deutschen Bundestag gestürzt. Den Todesstoß für die sozial-liberale Koalition versetzt die FDP. Nach einer Serie herber Stimmenverluste bei Kommunal- und Landtagswahlen beschließen die Freien Demokraten ihre eigene und damit bundespolitische Wende hin zur CDU/CSU. Nach dreizehn Jahren Mitte-Links-Regierung übernimmt nun eine Mitte-Rechts-Koalition das Ruder. Zum neuen, sechsten Kanzler der Bundesrepublik wird Helmut Kohl gewählt.

All jene, die nach der machtpolitischen Wende nun auch eine radikale Umkehr in der Bonner Ost- und Deutschlandpolitik erwarten, sehen sich rasch getäuscht. Tatsächlich entsteht über die Fraktionsgrenzen von Regierungsparteien und SPD-Opposition hinaus schon bald ein breiter innenpolitischer Konsens über die Geschäftsgrundlagen der innerdeutschen Beziehungen. Mehr noch: Jene CDU/CSU, die kaum ein Jahrzehnt zuvor die neue Ostpo-

Bundespräsident Richard von Weizsäcker setzt neue Maßstäbe für die Deutschen in Ost und West.

litik Brandts bis aufs Messer bekämpft und beinahe zu Fall gebracht hätte, bemüht sich neuerdings, da in Regierungsamt und -würden, stärker noch als die abgelöste SPD-Regierung um den entspannungspolitischen Brückenbau nach Ost-Berlin. CSU-Chef Franz Josef Strauss, persönlich dereinst Hauptinitiator der bayrischen Verfassungsklage gegen den Grundlagenvertrag, fädelt nach Gesprächen mit DDR-Staatssekretär Schalck-Golodkowski 1983 einen Milliarden-Kredit für Ost-Berlin ein, ohne dafür konkrete Gegenleistungen zu verlangen. Die Rechnung geht auf: Bonns Bereitschaft, dem anderen deutschen Staat in seiner wirtschaftlichen Bedrängnis finanziell zu helfen, erhöht Honeckers Bereitschaft, seinerseits zu verbesserten innerdeutschen Beziehungen beizutragen. Trotz der vom Bundestag gefaßten Entscheidung, nach den ergebnislos verlaufenen Abrüstungsverhandlungen zwischen USA und UdSSR den NATO-Nachrüstungsbeschluß nunmehr zu verwirklichen, bleibt die Reaktion aus Ost-Berlin erstaunlich verhalten. Die Regierung Kohl nehme damit "eine schwere Verantwortung auf sich", erklärt Erich Honecker auf der 7. Tagung des ZK der SED und das europäische Vertragssystem, einschließlich des Grundlagenvertrags zwischen BRD und DDR erleide durch die Stationierung amerikanischer Mittelstreckenraketen "ernsthaften Schaden". Aber im gleichen Atemzug fügt er hinzu: "Wir sind dafür, den Schaden möglichst zu begrenzen".

"Schadensbegrenzung" wird damit zum Motto der deutsch-deutschen Beziehungen, solange die Supermächte ihre Fehde nicht beendet haben, die auch unter der US-Präsidentschaft Ronald Reagans zunächst weiter fortbesteht.

Auch wenn die CDU/CSU-FDP Regierung, ähnlich wie ihre sozial-liberale Vorgängerin, den Interessenausgleich und größtmögliche Zusammenarbeit mit der DDR wünscht, so kristallisiert sich doch nach einiger Zeit das andersgelagerte historisch-politische Verständnis heraus, mit dem das konservative Regierungslager die innerdeutschen Beziehungen interpretiert. In diesem Sinne bemerkt der zuständige Bundesminister Rainer Barzel: "Ich nehme keinen Anstoß daran, wenn Herr Honecker erklärt, die Wiedervereinigungsfrage wird sich stellen im kommunistischen Sinn, eines Tages. Und so darf er keinen Anstoß daran nehmen, wenn ich sage, die Frage der deutschen Einheit wird sich stellen durch Selbstbestimmung aller Deutschen. Der Kampf um Deutschland, der friedfertige, ideologische, politische Kampf, ist im Gange!"

Die Wiederentdeckung gemeinsamer historischer "Vorväter" wie Martin Luther, Friedrich der Große oder Otto von Bismarck führt Mitte der Achtziger Jahre in der Bundesrepublik zu einer nostalgisch gefärbten Interpretation des alten Wiedervereinigungsideals. Angesichts der nach wie vor bestehenden höchst unterschiedlichen politischen Strukturen und Ideologien in beiden deutschen Staaten wird damit in der Bundesrepublik jedoch nicht etwa die Aufforderung zu einer Neugestaltung der Ostpolitik verbunden.

Was also bedeutet die Hinwendung zu den "Großen Deutschen"?

Keinesfalls bedeutet sie, daß die gemeinsamen Traditionen der deutschen Geschichte von DDR und BRD auch als gemeinsames historisches Erbe anerkannt würden. Vielmehr spiegelt sich darin die beiderseitige Diagnose eines Defizits wider: der Verlust des Vaterlands - hüben wie drüben.

Nach vier Jahrzehnten Teilung bricht die nationale Identität als Thema wieder einmal druckvoll hervor. Dabei steht diesmal allerdings in der Bundesrepublik eine stark veränderte moralische Qualität im Vordergrund der Diskussion: Zum ersten Mal fodert (1985) ein deutscher Bundespräsident seine Landsleute dazu auf, die moralische Belastung durch Krieg und Niederlage samt der Folgen für die Gegenwart zu akzeptieren. Richard von Weizsäcker redet damit keinesfalls der Spaltung der Nation das Wort - im Gegenteil: die Bundesregierung, voran der Kanzler, fühlt sich legitimiert, die nationale Frage künftig mit mehr ethischer Autorität zu stellen. Eine Parallelentwicklung hilft Helmut Kohl: der

Wind der Veränderung, der seit Michail Gorbatschow im Ostblock weht.

In nur vier Jahren wächst er zu einem wahren Orkan an, der auch vor Oder und Neiße nicht halt macht. Hierin liegt die einzig praktische Chance, das Problem der nationalen Frage ein für allemal zu lösen. Vorerst aber funktioniert "der erste Arbeiter- und Bauernstaat auf deutschem Boden" noch.

7. November '87: Erstmals kommt ein SED-Chef in die Bundeshauptstadt. Für viele ist das der endgültige Vollzug der Anerkennung der deutsch-deutschen Wirklichkeit durch Bonn. Honecker Seite an Seite mit dem Bundeskanzler - ein Politbesuch mit allem Pomp. Das Protokoll läßt fast nichts aus: DDR-Hymne neben Haydns "Lied der Deutschen", die "Spalterflagge" mit Hammer und Zirkel neben schlichtem Schwarz-Rot-Gold; Ehrenbataillon der Bundeswehr. All das scheint vor allem eins zu zeigen: die DDR ist nicht nur ein eigener Staat, sondern auch ein von Bonn voll akzeptierter Staat. Ihr erster Mann verkehrt - für jedermann deutlich sichtbar - offenbar von gleich zu gleich mit Helmut Kohl.

Honecker steht im Zenit der Macht. Er ahnt es nur noch nicht. Der Bundeskanzler auch nicht. Damals schreibt er dem Gast aus Ost-Berlin ins Stammbuch: "Das Bewußtsein für die Einheit der Nation ist wach wie eh und je; und ungebrochen ist der Wille, sie zu bewahren. Diese Einheit findet Ausdruck in gemeinsamer Sprache, im gemeinsamen kulturellen Erbe, in einer langen, fortdauernden gemeinsamen Geschichte... An den unterschiedlichen Auffassungen der beiden Staaten zu grundsätzlichen Fragen, darunter zur nationalen Frage, kann und wird dieser Besuch nichts ändern. Für die Bundesregierung wiederhole ich: Die Präambel unseres Grundgesetzes steht nicht zur Disposition, weil sie unserer Überzeugung entspricht. Die deutsche Frage bleibt offen, doch ihre Lösung steht zur Zeit nicht auf der Tagesordnung der Weltgeschichte."

Zwei Jahre später steht sie unerwartet dann doch auf der Tagesordnung. Und zwar ganz oben.

3. Die Republik des Erich H.

Mit UNO-Beitritt und KSZE hat Honecker außenpolitisch das Ziel der internationalen Aufwertung "seiner" DDR erreicht. Eine Welle der diplomatischen Anerkennung folgt. Vertretungen aus aller Herren Länder richten sich in Ost-Berlin ein, darunter auch die USA.

Der SED-Chef kann zufrieden sein, die beiden Blocksysteme sind stabilisiert. So lange ihre Grenzen mitten durch Deutschland laufen, so lange braucht er nicht zu fürchten, daß sich irgendeine Chance für die Einheit Deutschlands auftut. Beide Supermächte werden auf absehbare Zeit keine europäische (und damit weltpolitische) Kräfteverschiebung zulassen. Im Grunde ihres Herzens sind sich alle Bündnispartner im Osten wie im Westen darin einig, daß ein geteiltes Deutschland sowieso das bessere Deutschland ist. Ein wirtschaftlich starker, aber gefesselter Riese ist schließlich immer noch einfacher zu kontrollieren, als ein militärisch schwacher, aber dafür losgelassener Riese.

26 Jahre nach Gründung der DDR hat auch die Abgrenzungskampagne gegenüber der Bundesrepublik ihren vorläufigen Höhepunkt überschritten. Jede, noch so vage, nationale Ideologie oder Terminologie ist aus dem Selbstverständnis des SED-Staats vollkommen verschwunden. Auch die allerletzten noch gesamtdeutschen Hinweise der DDR-Verfassung werden Ende '74 getilgt. Darin ist nun nicht einmal mehr von der DDR als "Sozialistischer Staat deutscher Nation die Rede"; auch der Passus von der "Vereinigung auf der Grundlage der Demokratie und des Sozialismus" wurde ersatzlos gestrichen. Stattdessen werden neuerdings die Bindungen an die Sowjetunion wieder in einem Maße unterstrichen, wie dies bestenfalls unmittelbar nach dem Mauerbau der Fall war. "Für immer und unwiderruflich" gilt das Bündnis mit der UdSSR.

Ideologisch abgestützt wird die Verfassungskorrektur, indem die "Nation" nur noch als "wichtiges Feld des Klassenkampfs"angesehen wird. Übersetzt in die erfindungsreiche Formelsprache des Ersten

Sie verkehren von gleich zu gleich miteinander: Helmut Kohl und Erich Honecker.

Sekretärs der SED heißt das, es gibt eine "kapitalistische Nation" (die Bundesrepublik) und eine "sozialistische Nationalität" (in der DDR). Mitgelieferte Begründung: Beide Nationen unterscheiden sich angeblich in "ihren sozialen Grundlagen und Inhalten (...) weil es sich um zwei qualitativ verschiedene historische Typen der Nation handelt." Eine derartig künstliche Spaltung des Nation-Begriffs wird von der Alltagskultur und -lebensweise der DDR-Bevölkerung allerdings vollständig widerlegt!

Die wohl zutreffendste Kennzeichnung für das, was der Begriff "Nation" im anderen deutschen Staat tatsächlich meint, liefert damals Günter Gaus, Bonns ständiger Vertreter in Ost-Berlin. Er charakterisiert die DDR als "Nischengesellschaft", die gegen staatliche Eingriffe und Bevormundungsversuche weitgehend immun ist und sich dadurch unzerstörbare Reste der gesamtdeutschen Kulturnation bewahrt. Merkmale der Nischengesellschaft seien u.a. das Kleingarten- und Datscha-Idyll, Vereinspflege, engste Familienbeziehungen, Westmark-Besitz. Die Gründe für die Herausbildung von sehr privaten Nischen der DDR-Bürger sieht Günter Gaus vor allem im langsameren Entwicklungs- und Industrialisierungstempo des SED-Staats nach '45 bei gleichzeitig starker wirtschaftlicher und politischer Anziehungskraft durch die Bundesrepublik und den Westen überhaupt. Kritische Anmerkung von Gaus: "Viele Lebensgewohnheiten in der DDR wirken in westdeutschen Augen auf eine seltsame Weise nicht altfränkisch, nicht antiquiert, am ehesten läßt sich formulieren: vorkriegsmäßig bürgerlich."

Gerade die strikte Unterscheidung der DDR-Gesellschaft zwischen staatlichem und privatem Leben ist es demnach, die die deutsche Nation, entgegen allen parteioffiziellen Verlautbarungen der SED, im Bewußtsein der Menschen lebendig erhält!

Während der zweiten Hälfte der siebziger Jahre unternimmt das kommunistische Regime verstärkt den Versuch, neben der ohnehin vollständigen Kontrolle über alle institutionalisierten Lebensbereiche auch noch die möglichst lückenlose Bewußtseinskontrolle über seine Bürger auszuüben. Die Art und Weise, wie der DDR-Staats- und Parteiapparat mit seinen kritischen Intellektuellen umspringt, ist dafür sinnfälliges Beispiel.

1976 wird dem Liedermacher Wolf Biermann während eines genehmigten Konzerts in der Bundesrepublik die DDR-Staatsbürgerschaft entzogen. Biermann wird ausgebürgert, weil er beim "Klassenfeind" angeblich Honeckers Republik verunglimpft hat. Dutzenden von Künstlern und Schriftstellern ergeht es ebenso.

Auch im Westen bekannte Namen wie Christa Wolf, Sarah Kirsch, Stephan Hermlin, Jurek Becker, Manfred Krug, Heiner Müller, Katharina Thalbach werden einfach abgeschoben. Wer nicht freiwillig

Rauswurf aus der DDR: Der Liedermacher Wolf Biermann.

die DDR verläßt, wird unter Hausarrest gestellt oder verhaftet und ins Gefängnis gesteckt.

Im Fall Rudolf Bahro reagiert das SED-Regime besonders hart. Noch vor dem Erscheinen seiner Publikation "Die Alternative - Zur Kritik am real existierenden Sozialismus" bei einem westdeutschen Verlag wird Bahro von der DDR-Staatssicherheit festgenommen. Ein halbes Jahr später verurteilt ihn das Ost-Berliner Stadtgericht zu acht Jahren Haft. Begründung: "Staatsfeindliche Tätigkeit", "Agententätigkeit", "Landesverrat". Ende '79 vorzeitig aus dem Gefängnis entlassen, kehrt Bahro der DDR den Rücken und kommt in die Bundesrepublik.

Wer sonst noch den Behörden unliebsam auffällt, wird gemaßregelt. Das gilt ebenso für westdeutsche Journalisten. Als sich der DDR-loyale Schriftsteller Stefan Heym in einem ZDF-Interview gegen den Vorwurf verwahrt, unzulässige Absprachen über die Veröffentlichung und Honorierung seines neuesten Romans mit einem bundesrepublikanischen Verlag getroffen zu haben, reagieren die Behörden mit einem Rundumschlag: Der ZDF-Mann wird aus der DDR ausgewiesen, Heym aus dem Schriftstellerverband ausgeschlossen.

Die rigide Art, mit der Erich Honecker dem Volk einbläuen will, daß die Partei, getreu einem alten SED-Song, "immer recht" hat, belegt noch etwas anderes: Sein Regime kann nicht einmal grundlegendste Vereinbarungen der KSZE verkraften!

Im sogenannten "Korb III" der Schlußakte von Helsinki hatte sich auch die DDR dazu verpflichtet, mehr Freizügigkeit und die Ausweitung menschlicher Kontakte zuzulassen. Honecker darf sich also nicht wundern, wenn ihn zuerst seine Intellektuellen an diesen neuen Maßstäben messen. Ganz offenbar hat der DDR-Staats- und Parteichef die brisanten innenpolitischen Folgen von "Korb III" unterschätzt. Was erst wie ein nebensächliches Zugeständnis des Ostens an den Westen aussah, um das gesamte Konferenzprojekt nicht zu gefährden, entwickelt sich mehr und mehr zu einem Sprengsatz mit ungeahnter Wirkung; besonders für die DDR. Humanitärer, kultureller, informatorischer Bereich, genau hier liegen die neuralgischen Punkte, in

Immer wieder wird der Opfer gedacht, die ihre Sehnsucht nach Freiheit mit dem Leben bezahlen mußten.So legte auch der französische Präsident Mitterand bei einem Besuch einen Kranz nieder.

denen Erich Honecker mit Recht eine Gefahr vermutet, daß sein politisches und gesellschaftliches System des "real existierenden Sozialismus" untergraben werden könnte. Auch deshalb also eisernes Durchgreifen im Innern und verschärfte Abgrenzung nach außen.

Hier tritt für das deutsch-deutsche Verhältnis am 9. Oktober '80 eine enorme Belastung ein, als die DDR den Zwangsumtausch fast verdoppelt. 25 DM pro Person und Tag für Reisen ins andere Deutschland, so wird das Miteinander drastisch erschwert. Vier Tage später setzt der SED-Generalsekretär noch eins drauf, indem er zu alten Forderungen in verschärfter Form zurückkehrt: "Wir halten es für notwendig, daß sich die BRD in der Frage der DDR-Staatsbürgerschaft endlich auf die Realitäten besinnt, was ihr auf die Dauer ohnehin nicht erspart bleibt. Wir halten auch die Zeit für gekommen, auf diplomatischem Feld, so wie es den Beziehungen zwischen zwei souveränen, voneinander unabhängigen Staaten zukommt, Botschafter auszutauschen; das heißt die ständigen Vertretungen der DDR und der BRD in das zu verwandeln, was dem Völkerrecht entspricht: in Botschaften: "Es lebe die Sozialistische Einheitspartei Deutschlands!"

Je stärker die Abgrenzungsversuche gegenüber der Bundesrepublik akzentuiert werden, um so mehr wird der Verfall an gesellschaftlichen Perspektiven innerhalb der DDR erkennbar. Der KSZE-"Virus" hat Anfang der achtziger Jahre noch mehr freiheitsliebende Menschen erfaßt und in Polen und der Tschechoslowakei bereits Symbolgestalten hervorgebracht: Lech Walesa, Gründer der "Solidarnocz" und Vaclav Havel von der "Charta 77". Beide Dissidenten von damals sind die Präsidenten ihrer Länder heute!

Das mit Helsinki angefachte kleine Feuer für Humanität und Menschenrechte erreicht 1984 bereits die Proportionen eines Flächenbrands. Auf die ständig wachsende Zahl von Anträgen, mit denen DDR-Bürger ihre Übersiedlung in die Bundesrepublik erreichen wollen, reagiert der DDR-Staatsapparat

DDR-Bürger werden daran gehindert, anläßlich des Besuches von Ministerpräsident Johannes Rau auf der Leipziger Frühjahrsmesse 1988, Petitionsschriften zu übergeben..

mit verschärftem psychologischen und materiellem Druck. Lohnkürzungen, Arbeitsplatzverlust, mindestens jedoch berufliche Benachteiligung und/oder gezielte Benachteiligungen bei der Wohnungszuteilung, Studienplatzvergabe, Ferienplatzvergabe usw. sollen dazu führen, die Antragstellung noch einmal zu "überdenken". Selbst jenen DDR-Bürgern, die hin und wieder Verwandte aus dem Westen einladen, wird nahegelegt, ihre "Westkontakte" im "eigenen Interesse" besser einzuschränken. Kurzum: Wer das Gefängnis DDR verlassen will, muß alles riskieren, an Stacheldraht und Mauer sowieso.

Um von Deutschland nach Deutschland zu gelangen, macht eine Flucht wie zum Beispiel im selbstgebastelten Heißluftballon zwar immer noch die größten Schlagzeilen; mehr und mehr erfährt die Welt aber auch von anderen spektakulären Aktionen, die die Ausreise in den "goldenen Westen" erzwingen sollen: über diplomatische Vertretungen im In- und Ausland.

Eine sichere Zuflucht, vor allem für oppositionelle Gruppen, bildeten die Kirchen.

Den Auftakt machen am 20.1.'84 sechs DDR-Bewohner, indem sie in der amerikanischen Botschaft in Ost-Berlin um politisches Asyl bitten. Kurz darauf flüchten sich vierzehn weitere DDR-Bürger in die Prager Botschaft der Bundesrepublik. Am 24.2.'84 stößt sogar die Nichte von DDR-Ministerpräsident Stoph, Ingrid Berg, mit ihrem gesamten Familienanhang zu der Gruppe. Der Strom der Botschaftsflüchtlinge reißt nun nicht mehr ab. Erstmals muß am 4. Oktober '84 eine bundesdeutsche diplomatische Vertretung im Ostblock geschlossen werden: Bereits mehr als hundert DDR-Bürger sind zu diesem Zeitpunkt über den meterhohen Eisenzaun ums Palais Lobkowitz in Prag geklettert.

Die Verhandlungen, die zwischen Bonn und Ost-Berlin um das Schicksal der Botschaftsflüchtlinge beginnen, werden bald zum Ritual: Honecker schickt seinen Vertrauten, Rechtsanwalt Wolfgang Vogel. Der sichert den Flüchtlingen eine "wohlwollende Prüfung" ihrer Ausreiseanträge bei Rückkehr in die DDR zu. Dann stellt die SED-Führung offiziell fest, daß ein weiteres Entgegenkommen ausgeschlossen ist. Auf diese Weise werden nacheinander die bundesdeutschen Botschaften in Prag, Bukarest, Budapest und Warschau geräumt.

Die politische Glaubwürdigkeit der DDR-Regierung ist Mitte der achtziger Jahre durch die erste erzwungene Ausreisewelle ostdeutscher Bürger stark erschüttert. Legt nicht die Risikobereitschaft und Verzweiflung jener, die ihrem Staat unter allen Umständen den Rücken kehren wollen, am besten darüber Zeugnis ab, wie es um den "real existierenden Sozialismus" auf deutschem Boden tatsächlich bestellt ist, wenn er seine Einwohner wie in einem Hundezwinger halten muß und ihnen weiterhin jegliche Freizügigkeit vorenthält?

Wohl gemerkt: Indem die Bundesrepublik womöglich die Gunst der Stunde nutzt und die Hoffnungslosigkeit noch weiter anheizt, wäre nichts,

In seiner Funktion als US-Präsident fordert Ronald Reagan Michail Gorbatschow auf, die Mauer zu öffnen.

aber auch gar nichts gewonnen. Die nationale Frage ist Mitte der achtziger Jahre nicht plötzlich durch eine Übersiedlung etlicher tausend DDR-Bürger nach Westdeutschland zu lösen. Selbst wenn viele gehen könnten, müßten nicht ebensoviele bleiben?

Schließlich sind auch 1985 immer noch starke sowjetische Militärverbände im Osten Deutschlands stationiert, die jederzeit eingreifen könnten. Auch wenn das Regime moralisch längst bankrott ist, militärisch-politisch ist die SED noch lange nicht erledigt. Folglich kann auch Bonn kein ernsthaftes Interesse daran haben, Ost-Berlin zu Verzweiflungstaten hinzureißen. Diejenigen, die weiter hinter dem eisernen Vorhang leben müssen, hätten es dann noch viel schwerer.

Das weiß Bundeskanzler Helmut Kohl und richtet seinen innerdeutschen Kurs deshalb noch beharrlicher auf Fortschritte bei den sogenannten "kleinen Schritten" aus. Nach jahrelangen, zähen Verhandlungen, ist im Mai '86 endlich das deutsch-deutsche Kulturabkommen unterschriftsreif. Es regelt die Zusammenarbeit auf vielerlei "Gebieten der Kultur, Kunst, Bildung und Wissenschaft sowie auf anderen, damit in Zusammenhang stehenden Gebieten", wie es in der Präambel heißt. Das innerdeutsche Kulturabkommen bietet fraglos den aus-

An der ungarisch-österreichischen Grenze . . .

führlichsten Katalog gegenseitiger Maßnahmen zur Verbesserung der Beziehungen seit 1972 und erstreckt sich unter anderem auf bildende und darstellende Kunst, Film, Musik, Sprach- und Literaturpflege, Denkmalpflege, Schul-, Berufs-, Erwachsenen-, Hoch- und Fachschulbildung, Wissenschaft, Gastspiele von Künstlern, Spielfilm- und Fernsehkoproduktionen, Verlags-, Bibliotheks- und Archivwesen, Festspiele, Tagungen, Konferenzen, Kongresse, Gedenk- und Jubiläumsveranstaltungen, Sport und Jugendaustausch.

Mit dieser eindrucksvollen Palette von ausbaufähigen Beziehungen über Grenzbefestigungen und Schießbefehl hinweg sollen sich die Deutschen auch zukünftig nicht aus den Augen verlieren. Das hat langfristig mehr Erfolg als jeder Versuch, die DDR zu destabilisieren. So bleibt die deutsche Frage auch in der zweiten Hälfte der achtziger Jahre weiter vom Grundsatz bestimmt: Nation ist, wenn man sich trifft und wiedersieht!

Hier gibt es bis 1988 Fortschritte, die im frostigen Klima zu Beginn des Jahrzehnts noch völlig undenkbar waren: so ist z.B. die Zahl der Westreisen von DDR-Bürgern unterhalb des Rentenalters (bei dringenden Familienangelegenheiten) beständig geklettert: waren es 1985 erst 66.000, so erhöhten sich die Besucherzahlen 1986 schon auf 573.000; 1987 sind es sogar fast 1,2 Millionen. Bemerkenswert: der Trend genehmigter Übersiedlungen in die Bundesrepublik ist dagegen sehr stark rückläufig. Offenbar denkt die SED-Führung: Wer mal kurz im Westen "schnuppern" war, hat wohl keinen Grund mehr, die DDR auf immer zu verlassen. - Zu kurz gedacht!

Denn die seit dem Bau der Mauer beispiellose Reisepolitik Ost-Berlins bleibt nicht ohne Folgen für die Abgrenzungsdoktrin gegenüber Bonn. Sie funktioniert nicht mehr! Denn ihre raison d'etre ist ja gerade die Abschottung der DDR-Bürger vom sogenannten "Klassenfeind" im Westen. Nun aber können sie sich mehr und mehr ihr eigenes Bild vom "toten Kapitalismus" machen. Und was sehen die DDR-Einwohner in der Bundesrepublik? Daß der Kapitalismus noch ganz schön munter und lebendig ist! Damit klaffen das starre Propagandabild, das die

. . . fällt 1989 der eiserne Vorhang.

SED offiziell noch immer vom deutschen Weststaat zeichnet und das eigene Erfahrungsbild abgrundtief auseinander. Das Resultat ist Flucht, Flucht in eine alternative Welt daheim in Leipzig, Rostock, Güstrow oder sonstwo, die sich der andauernden staatlichen Bevormundung entzieht. Eine alternative Infrastruktur bieten zumeist nur die Kirchen, allen voran die evangelische.

Obwohl es den "Alternativen" beileibe nicht um den Sturz des Regimes Erich Honeckers geht, sondern erst einmal um mehr Bewegungsfreiheit, Offenheit und Respektierung als verantwortungsbewußte und mündige Staatsbürger, reagiert der SED-Apparat, als handle es sich um ein revolutionäres Komplott zur Vernichtung der "Arbeiter- und Bauernmacht". Die Folge ist noch mehr Bespitzelung, Kontrolle und Druck auf den Einzelnen. Ein Teufelskreis.

Da nutzt den Genossen auch ein Rückfall in die überholte Kalte-Kriegs-Polemik gegen Bonn nichts mehr, die an der Jahreswende '88/'89 das alte "Feindbild Bundesrepublik" wieder hervorholt, indem sie sich gegen die "unverfrorene Einmischung der BRD in die inneren Angelegenheiten der DDR" verwahrt. Pech für Honecker und Co. ist nur, daß der "Feind" mittlerweile im eigenen Lager steht: KPdSU-Generalsekretär Michail Gorbatschow.

Nicht genug damit, daß der Mann aus Moskau den greisen Führern der SED nahelegt, es doch auch einmal mit "glasnost" und "perestroika" à la DDR zu versuchen, um die angestaute Unzufriedenheit der Bürger mit ihrem System aufzufangen, nein, der Kreml-Chef will noch mehr: Honecker wird zugemutet, einen tiefgreifenden Wandel in der sowjetischen Außen- und Sicherheitspolitik mitzutragen. Von einem "gemeinsamen europäischen Haus" ist da plötzlich die Rede, von einer gesamteuropäischen Interessengemeinschaft vom Atlantik bis zum Ural. Das rührt an den Nerv der DDR-Beziehungen zur Bundesrepublik! Denn um zu einer grundlegenden Neubestimmung des Ost-West-Verhältnisses zu kommen, zieht Gorbatschow wie 1970 vor ihm

In der Prager Botschaft spielen sich unglaubliche Szenen ab. Trotz schlechter Versorgung harren die Menschen aus. Sie wollen in die Freiheit.

schon einmal Breschnew, nicht etwa die deutsche, sondern die europäische Karte. Gorbatschow braucht absolute Sicherheit, daß die NATO stillhält, wenn der Reformsturm erst einmal bei ihm zu Hause losbricht. Dann nämlich wird er sich außerhalb seines Kerngebiets der UdSSR kaum mehr um Querelen kümmern können.

Genau dies läuft Honeckers Intentionen strikt zuwider. Er hat ein überlebenswichtiges Interesse daran, daß sein Verhältnis mit der Bundesrepublik im wesentlichen so bleibt, wie es ist, auch wenn die DDR dafür einen gewissen Preis in Form erleichterter menschlicher Beziehungen bezahlen muß. Gorbatschow hingegen muß den Hebel dort ansetzen, wo sein "Hauptfeind" sitzt, in Washington. Und der Russe weiß genau, wie er ihn aus der Reserve lockt: Mit einem noch nie dagewesenen umfassenden Abrüstungsvorschlag.

Anfang '89 sind zwischen den Supermächten die Weichen für die neunziger Jahre schon gestellt. Nur die SED weigert sich noch beharrlich, die veränderten Realitäten anzuerkennen. Während Amerika und die Sowjetunion längst schon die letzten Schützengräben des Kalten Krieges zugeschüttet haben, hebt als einziger Erich Honecker noch eifrig neue aus. Es ist abenteuerlich, mit welcher Sturheit das Ost-Berliner Regime die Zeichen der Zeit einfach ignoriert. Dabei werden sie, nicht zuletzt aus Moskau, deutlich gesetzt, vor allem in der Neubewertung der deutschen Frage, die sich als logische

Bürger der DDR flüchten über die grüne Grenze nach Ungarn.

Konsequenz aus der völligen Neuorientierung der sowjetischen Außenpolitik ergibt. Ideologisch wird dieser Kurswechsel geschickt durch eine Korrektur im sowjetischen Geschichtsverständnis gestützt. Danach trägt der Diktator Josef Stalin seit neuestem die Schuld an der Teilung Deutschlands und Europas. Allein seiner ungezügelten Machtpolitik sei es zuzuschreiben, wenn sich der Westen nach dem Zweiten Weltkrieg zur Gegenreaktion herausgefordert fühlte.

Damit aber sei nun Schluß, weil die UdSSR und die USA zu einer neuen Form der Zusammenarbeit gefunden hätten, die die alten Konflikte überflüssig mache. - Auch die Mauer und den Stacheldraht in Deutschland?

Dazu erklärte Gorbatschow-Berater und Historiker Professor Wjatscheslaw Daschitschew bereits im Juni '88 für jedermann, auch Erich Honecker, vernehmlich: "Die Mauer in Berlin ist ein Relikt des Kalten Krieges (...) Die Lösung dieser Frage hängt nicht nur von der Sowjetunion ab, sondern von vielen anderen Staaten, von den Nachbarn der DDR und der Bundesrepublik. Wir können nicht voraussehen, was in zehn oder zwanzig Jahren geschieht. Vielleicht werden die Bedingungen dazu reif, dieses Problem irgendwie anders zu gestalten, als zur Zeit."

Ein Traum wird wahr - endlich in Freiheit.

Nur ein Jahr später sind die Bedingungen tatsächlich reif. Den Umsturz eines halben Kontinents eröffnen ungarische Grenzsoldaten. Sie bauen die Stacheldrahtverhaue an der österreichischen Grenze ab. Ungarn hat sich schon von seinem kommunistischen Regime befreit, ihm laufen deshalb seine Bürger auch nicht mehr weg. So entsteht das erste Loch im Eisernen Vorhang. Dann setzt der erste Massenansturm aus der DDR ein. Die Gelegenheit ist da, aus dem Gefängnis DDR auszubrechen. Zuerst sind es einige hundert ostdeutsche Urlauber in Ungarn, die den Durchbruch wagen.

Am 10. Sptember gibt Ungarns Außenminister Gyula Horn im Fernsehen bekannt, daß sein Land um Mitternacht für alle DDR-Bürger, auch ohne Visum, die Grenzen öffnen werde.

Eine Lawine von Trabis ergießt sich daraufhin in Richtung Österreich. Die meisten kommen schon mit bundesdeutschen Pässen, ausgestellt von der Budapester Botschaft.

Als Ost-Berlins Machthaber daraufhin die Grenze zwischen der DDR und Ungarn sperren, fliehen die DDR-Flüchtlinge in die Tschechoslowakei: Ziel ist die bundesdeutsche Botschaft in Prag. Dramatische Szenen spielen sich im Garten und drinnen in der Botschaft ab. Innerhalb weniger Tage fliehen 4.000 DDR-Bewohner auf das abgeriegelte Gelände.

Wie schon einmal 1984, schaltet Honecker seinen Vertrauten, den Ostberliner Anwalt Vogel, ein. Sein Angebot: Zunächst Rückkehr der Flüchtlinge in die DDR, um später legal ausreisen zu können. Doch die Menschen harren aus. Ihr Vertauen ist erschöpft.

Der Druck auf die SED-Führung wächst. Honecker muß, wenn er die Jubelfeiern zum 40. Gründungstag der DDR nicht gefährden will, Zugeständnisse machen. Nach Gesprächen mit seinen Amtskollegen Eduard Schewardnadse (UdSSR) und Oskar Fischer (DDR) in New York fliegt Bundesaußenmi-

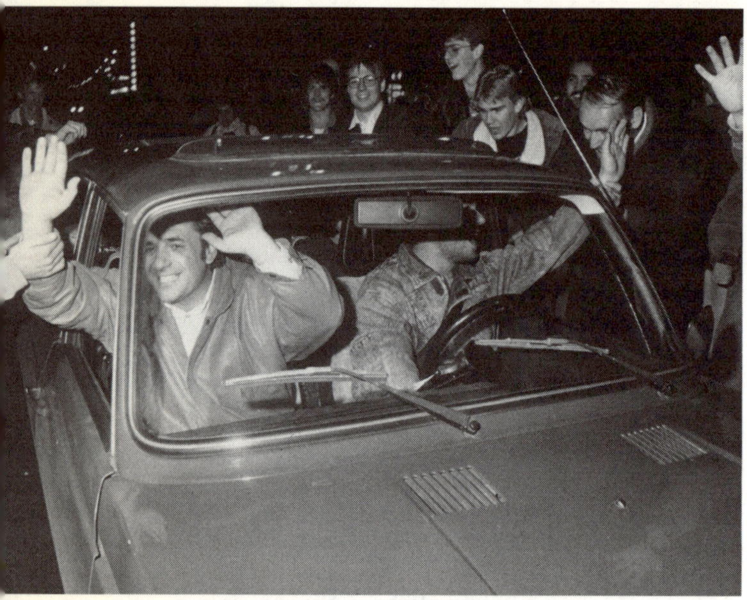

Am 9. November 1989 öffnete die DDR ihre Grenzen nach Berlin. Überglückliche DDR-Bürger werden von begeisterten West-Berlinern begrüßt.

nister Hans-Dietrich Genscher am 30.September '89 unmittelbar nach Prag, um den hoffenden Menschen mitzuteilen, daß ihre direkte Ausreise in die Bundesrepublik nun doch noch möglich geworden ist.

Der Jubel im Garten der Botschaft ist unbeschreiblich! Mit Bussen geht's drei Tage später zum Prager Bahnhof, dann mit Sonderzügen über DDR-Gebiet in Richtung Hof.

Gespenstische Szenen spielen sich an der Bahnstrecke ab: Allein in Dresden warten Tausende von Menschen in der Nacht zum 4. Oktober '89 auf die Züge in die Freiheit. Viele sind verzweifelt, wollen aufspringen. Wie eine Festung verteidigt die Staatsmacht den Dresdner Bahnhof. Es kommt zu einer brutalen Straßenschlacht. Die Menschen sind fassungslos.

Als die Züge Hof erreichen, sind nicht nur die Flüchtlinge bewegt. Eine Woge der Herzlichkeit und Freude erfaßt auch die Wartenden auf dem Bahnhof. Die Bilder des Glücks gehen um die ganze Welt, und fast jeder in der westdeutschen Bevölkerung entdeckt lang verschüttete Gefühle wieder.

In der DDR aber stärkt der ungekünstelte deutsch-deutsche Sympathiebeweis den Mut der Verzweifelten und Daheimgebliebenen.

Noch immer will die Staatsmacht nichts von Reformen wissen. Innerhalb weniger Tage aber bricht ein Sturm los, der die Alt-Stalinisten förmlich überrollt und das diktatorische Regime des Erich H. hinwegfegt. Am 9. November stellen die Deutschen in der DDR die Weichen für die nationale Frage um.

4. Warum die Einheit möglich wird

Der politische Dammbruch im Osten Europas, der schließlich auch zur Überwindung der deutschen Teilung führt, hat eine längere Vorgeschichte. Sie setzt indessen nicht, wie vielfach behauptet wird, erst mit der Amtsübernahme Michail Gorbatschows ein.

Anfang der achtziger Jahre hatte die wirtschaftliche Krise des Ostblocks vor allem in Polen chaotische Züge angenommen. Parallel zum Niedergang der polnischen Wirtschaft vollzog sich aber auch eine politisch sehr bedeutsame Entwicklung: die Gründung der Streikbewegung "Solidarnocz".

In kürzester Zeit mausert sie sich zu einer Art ge-

Aus der "Straße des 17. Juni" machten Berliner die "Straße des 9. Nov.".

samtnationaler polnischer Erneuerungsbewegung, die das herrschende System des sogenannten "real existierenden Sozialismus" hart an den Rand des Zusammenbruchs manövriert. Die uneingeschränkte Machtfülle der kommunistischen Partei hat nämlich plötzlich Konkurrenz bekommen. Und das paßt nun einmal nicht zum "Wesen" einer kommunistischen Diktatur und schon gar nicht zur immer noch gültigen Breschnew-Doktrin, wie die brutale Liquidierung des "Prager Frühlings" 1968 zuletzt bewiesen hatte. Moskaus eiserner Hammer, so schien es, würde 13 Jahre später also wieder einmal auf unzuverlässige Genossen niederschlagen, diesmal in Warschau. Doch es kommt anders.

Dem Kreml stehen zwar die militärischen Machtmittel zur Verfügung, um in Polen zu intervenieren. Aber was hätte das gebracht? Noch mehr Arbeiter-Streiks, ein von der katholischen Kirche unterstützter passiver Widerstand der Bevölkerung gegen die Okkupation und wütende, für die Minimalversorgung der Polen aber unentbehrliche, Bauern.

Selbst wenn die Sowjetunion eine unter derart lähmenden Bedingungen agierende, hundertprozentige moskautreue kommunistische Regierung wiedereingesetzt hätte, wären die wahren Ursachen des Dilemmas nicht beseitigt worden, die Wirtschaftskrise. Im Gegenteil, um Polen nicht verhungern zu lassen, hätten die Sowjets die Reorganisation der maroden polnischen Volkswirtschaft selbst in die Hand nehmen müssen. Dafür aber reichen die Kräfte Moskaus schon 1981/82 längst nicht mehr aus. Und noch etwas, nachdem sich der Kreml seit Ende '79 auf sein "sowjetisches Vietnam" in Afghanistan eingelassen hat, sind die Beziehungen zum

Am Ausmaß der Umweltzerstörung in der ehemaligen DDR hat auch die Chemieindustrie mit ihren veralteten Maschinen Anteil. Hier ein Blick in das Chemiekombinat Bitterfeld.

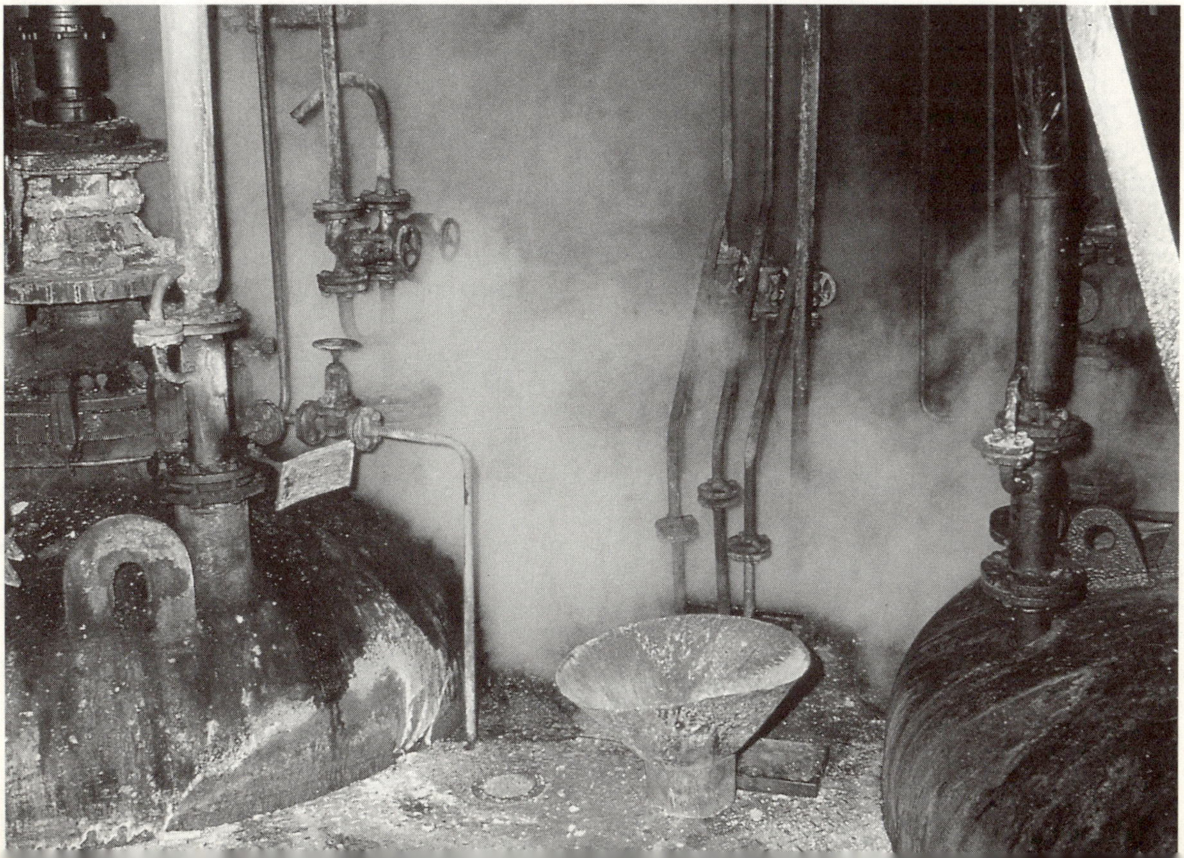

Westen bereits stark angespannt. Ein zusätzlicher Vorstoß in Polen hätte die internationale Toleranz gegenüber Moskaus Eskapaden vollends überreizt, hätte der Entspannungsprozeß zu Grabe getragen werden können.

Natürlich hätte die UdSSR die zu erwartende Neuauflage einer westlichen "Eindämmungsstrategie" wie schon in den fünfziger Jahren eine Zeitlang überstehen können, aber dennoch wäre dies einem Rückfall in die eisigsten Zeiten des Kalten Krieges gleichgekommen, die Breschnew genausowenig wie sein Nachfolger Jurij Andropow zurückwünschen. Ohnedies kommt die Sowjetunion Anfang der achtziger Jahre schon nicht mehr mit dem Entwicklungstempo der westlichen Industriegesellschaften mit.

An der Verantwortung zur Umgestaltung der eigenen Wirtschaft drückt sich die Kreml-Führung damals noch vorbei. Allerdings drängt die eigene

Nach der Maueröffnung betätigt sich der frühere US-Präsident Ronald Reagan als "Mauerspecht".

Flut der Probleme, angereichert durch sozialen Zündstoff und ein schier unentwirrbares Knäuel ethnischer Konflikte immer stärker zur politischen Entscheidung.

Aus dieser Situationsskizze der Sowjetunion wird deutlich, daß die östliche Hegemonialmacht keine echte Option hat, die "Solidarnocz" Anfang der achtziger Jahre mundtot zu machen.

Deshalb reagiert der Kreml mit einer neuen Taktik auf die Bedrohung seiner kommunistischen Vorherrschaft in Polen: 'Einschüchterung' heißt die Alternative zur direkten militärischen Intervention. Mittel zum Zweck ist die Einsetzung einer Militärregierung durch General Wojciech Jaruzelski und die Ausrufung des Kriegsrechts. Durch die Machtübernahme der polnischen Armee erreicht Moskau zweierlei: Die Kommunisten bleiben, vorerst, am Ruder und der Kreml gewinnt die dringend benötigte Atempause.

So bitter das Kriegsrecht für die polnischen Menschen auch ist, so setzt es dennoch ein wichtiges Zeichen in Ost und West: Wenn Moskau keine Panzer mehr gegen abtrünnige Genossen rollen läßt, dann hat offenbar eine grundlegende Überprüfung des Vasallenverhältnisses zwischen der Sowjetunion und ihren Satellitenstaaten eingesetzt! Tatsächlich wird in den folgenden Jahren immer deutlicher, daß der "große Bruder" auch dann nicht mehr bereit ist, militärisch einzugreifen, wenn Polens Kommunisten trotz des Kriegsrechts weiter an Autorität im Land verlieren. 1988 ist es dann soweit: Jaruzelski muß, um überhaupt politisch noch zu überleben, die Macht seiner KP mit der Opposition teilen. Ende 1990 übernimmt mit der Wahl Lech Walesas zum Staatspräsidenten die ehemalige Opposition schließlich die ganze Macht.

Mit dem "polnischen Weg" ist bereits vorweggenommen, was sich erst später, dafür jedoch in geraffter Form, in Ungarn, der DDR, der Tschechoslowakei, in Bulgarien und Rumänien ereignen wird. Ausschlaggebend ist der Mann, der den kommunistischen Dammbruch auf breiter Front erst

DDR-Bürger geben in stummer Andacht ihrer Freiheitssehnsucht Ausdruck.

möglich macht: Michail Gorbatschow. Im Gegensatz zu seinen Vorgängern kann er sich nämlich, als erster Kreml-Führer überhaupt, Nachbarregierungen auch ohne Dominanz der Kommunisten vorstellen, ja mehr noch: Nachbarregierungen sogar ohne jede Machtbeteiligung von Kommunisten. Dadurch wird ein flächendeckender demokratischer Machtwechsel eingeleitet, der den vollständigen Einsturz des westlichen Eckpfeilers des sowjetischen Imperiums ganz bewußt in Kauf nimmt.

Es wäre verfehlt, in Gorbatschow deshalb einen vom Kommunismus zum westlichen Demokratieverständnis konvertierten Regierungschef zu preisen. Sein Handeln ist die Fortsetzung einer aus dem vollständigen Zusammenbruch hervorgegangenen Politik, die nicht etwa die eigene Systemüberwindung in der UdSSR zum Ziel hat, sondern eine tiefgreifende Systemreparatur. Es ist Gorbatschows Verdienst, die weitverzweigten Ursachenkomplexe der ökonomischen und gesellschaftlichen Strukturkrise mutig, einfallsreich und auch mit unkonventionellen Mitteln angepackt zu haben. Aber im Vordergrund jeder Maßnahme stehen immer die ureigenen, sowjetischen Interessen, nicht zuletzt der eigene Machterhalt.

Indem Gorbatschow den nur Verluste verursachenden, aber für die UdSSR keinerlei Vorteile produzierenden, Ballast eines kostspieligen sozialistischen Kolonialreichs abwirft, erhält er sich die Chance auf wirksame Reformen zu Hause. Die sollen vorrangig durch intensivere Nutzung der "wissenschaftlich-technischen Revolution" sowie eine Veränderung der Produktion und mehr Kapitalbildung in der Wirtschaft gestützt werden. Am Ende stünde, so die Überlegung, die Zunahme des realen Wirtschaftswachstums, damit auch ein höheres Nationaleinkommen und also auch ein höherer Lebensstandard der sowjetischen Bevölkerung.

Daß dieser Mechanismus nicht allein durch Befehle von oben in Gang gesetzt werden kann, weiß Gorbatschow. Dazu muß er erst einmal das System der Interessenmotivierung ändern, um individuellen Einsatz und Wettbewerbsbereitschaft bei den Bürgern freizusetzen. Und er muß der innenpolitischen Schwäche außenpolitischen Flankenschutz geben. Dies freilich ist nur auf eine Art und Weise möglich, nämlich die Rivalität der Supermächte, d.h. den Kalten Krieg, zu beenden. Das hat zwar politisch seinen Preis; wirtschaftlich aber kommt es den Umgestaltungsplänen Gorbatschows eher noch zugute. Denn auch der Rüstungswettlauf verschlingt Jahr für Jahr unproduktive Milliarden-Rubel-Beträge, die genausogut in die Konsumwirtschaft fließen könnten. Und das widerum würde sich zusätzlich positiv auf die Steigerung des Lebensstandards auswirken.

Im Herbst '86 unternimmt Gorbatschow den entscheidenden Abrüstungs-Vorstoß auf einem Gipfeltreffen mit US-Präsident Reagan in der isländischen Hauptstadt Reykjavik. Der Kreml-Chef signalisiert

Der erste Besuch eines westlichen Regierungschefs in der DDR, nach dem 9. November 1989: Helmut Kohl trifft Hans Modrow, den Vorsitzenden des Ministerrates der damaligen DDR.

unter bestimmten Bedingungen seine Bereitschaft, einer sogenannten "Nullösung" bei den europäischen Mittelstreckenraketen zuzustimmen, d.h., sie zu verschrotten.

Die Amerikaner reagieren zunächst skeptisch. Was, so fragt sich die Reagan-Administration, führt der neue KPdSU-Generalsekretär mit einer so plötzlichen und weitgehenden Abrüstungsofferte an Washington wirklich im Schilde? Hatte Moskau nicht jahrelang eine gezielte Desinformationskampagne über die tatsächlichen Offensivkapazitäten im Raketenbereich betrieben und ein ums andere Mal die Genfer Abrüstungsgespräche im endlosen Verhandlungsmarathon ersticken lassen? Welchen Grund sollte es geben, die soeben erst angelaufene "Strategic Defense Initiative" (SDI), besser bekannt als "Star Wars" (Krieg der Sterne), wieder zu stoppen, die ja gerade aus Furcht vor einer sowjetischen Erstschlagsfähigkeit beschlossen worden war?

Obwohl noch kein US-Wissenschaftler Ende 1986 präzise sagen kann, wie der nukleare Schutzschild im All eigentlich funktionieren soll, gibt es deutliche Anzeichen dafür, daß Gorbatschow Amerika den technischen Durchbruch des SDI-Programms eines nicht allzu fernen Tages wirklich zutraut. Seinen eigenen technischen Reserven, vor allem aber dem sowjetischen Staatsbudget, traut der Kreml-Chef indessen weit weniger zu, diese nächste Umdrehung im Wettrüsten der Supermächte zu überstehen. Gorbatschows einziger Ausweg ist ein ernst gemeinter, breit angelegter Kompromiß, bei dem sich jede Seite zu Rüstungsbeschränkungen in genau

Die Weichen für die Einheit werden gestellt: Helmut Kohl bei Gesprächen im Juli 1990 in der Sowjetunion.

Dritte Gesprächsrunde der “2 + 4” Gespräche zwischen den Außenministern Deutschlands, den vier Siegermächten und Polen.

den Waffensystemen verpflichten würde, die die jeweils andere Seite am meisten fürchtet.

Auch wenn Präsident Reagan in Sachen “Star Wars” nicht grundsätzlich mit sich handeln läßt, so merkt er doch sehr bald, daß es dem Russen ernst ist mit dem umfassenden Abrüstungsabkommen. Nach Reykjavik machen die Gespräche über einen beiderseitigen Abbau der nuklearen Mittelstreckenraketen durch weitere Zugeständnisse Moskaus große Fortschritte. Zum ersten Mal stimmen die Sowjets zu, Kontrollbesuche der anderen Seite in ihrem Raketen-Bunkern zu erlauben. Außerdem macht der Kreml bereits weiterführende Verhandlungsangebote über den Abbau auch der atomaren Kurzstreckenraketen.

Einer derartigen “Umarmungsstrategie” Gorbatschows kann sich auch Reagan ein Jahr nach Reykjavik nicht mehr entziehen. Die Vorteile sind zu verlockend. Nur ein Hindernis bleibt. Würde Bonn der Verschrottung seiner Pershing-Abschußrampen in der Bundesrepublik als integralem Teil eines bilateralen, also nur zwischen den beiden Supermächten geschlossenen, Abrüstungsvertrags zustimmen wollen?

Bundeskanzler Kohl sagt “ja”, wenn die Deutschen damit einen echten Beitrag zur Beendigung des Rüstungswahnsinns leisten könnten.

Im Dezember ’87 unterzeichnen Gorbatschow und Reagan auf ihrem dritten Gipfeltreffen in Washington den ersten umfassenden beiderseitigen Abrüstungsvertrag. Die sogenannte “Nullösung” schlägt ein neues Kapitel in den Beziehungen zwischen Ost und West auf! Die anfängliche amerikanische Verunsicherung über Bedeutung und Wirkung von “glasnost” und “perestroika” weicht einem Mehr an Vertrauen in die Kreml-Führung. Mit Gorbatschows einseitigen sowjetischen Truppenverminderungen in Europa, aber noch mehr durch den Rückzug der Roten Armee aus Afghanistan gewinnt auch die vom Generalsekretär verkündete neue Militärkonzeption von der “hinlänglichen Verteidigung” zusätzlich an Glaubwürdigkeit.

Nicht mehr Überlegenheit, sondern nur noch genügend Waffensysteme und Streitkräfte zur Abschreckung und Verteidigung strebe die Sowjetunion laut Gorbatschow in Zukunft an. Tatsächlich ist es von der neuen sowjetischen Strategie der “hinlänglichen Verteidigung” zur atomaren Abschreckungs-Konzeption der Vereinigten Staaten nur noch ein kleiner Schritt.

Abrüstung ist die eine Möglichkeit, beim Westen Vertrauen zu gewinnen. Wie aber steht es mit der Freiheit?

Auch hier macht Gorbatschow große Konzessionen. Die erste Geste kommt im Dezember ’86 mit der Entlassung des Nobelpreisträgers und Dissidenten Andrej Sacharow aus seinem Exil in Gorki. Weitere Freilassungen von politisch Andersdenkenden, die historische Abrechnung mit dem Diktator Stalin, Ausreisegenehmigungen für jüdische Emigranten und deutschstämmige Sowjetbürger, die Zulassung freier Meinungsäußerung im eigenen Staat, alle diese Zugeständnisse an die westliche Menschenrechtsauffassung führen dazu, daß der "russische Bär" sein Image als Bedrohung und Paria verliert.

Während Gorbatschow im Ausland immer mehr Triumphe feiert, weil er die Menschen nach mehr als vier Jahrzehnten der Ost-West-Konfrontation vom Alptraum eines großen Kriegs befreit hat, beschleunigt sich mit jedem Tag der Zerfallsprozeß im eigenen Riesenreich. Im Baltikum, im Kaukasus und in Zentralasien nehmen die nicht-russischen Völker der UdSSR Gorbatschows Demokratisierung wörtlich und setzen sie mit "Souveränität" und "Unabhängigkeit" gleich. Das militärische Eingreifen der obersten Zentralgewalt gegen den Zusammenbruch der Unionseinheit beweist jedoch, was Gorbatschow in Wahrheit unter Demokratie versteht. Nicht etwa ein Ideal, sondern ein Instrument, mit dem man Politik macht. Die sich daraus ergebenden vielfältigen Widersprüche und Gegensätze finden ihren Niederschlag im langsamen Auseinanderbrechen der KPdSU als Einheits- und als Staatspartei.

Nur etwas mehr als vier Jahre "glasnost" und "perestroika" haben dazu geführt, Sinn und Nutzen der Reformpolitik völlig auf den Kopf zu stellen.

Sonder-Gipfeltreffen der KSZE im November 1990 in Paris.

Letzte Gesprächsrunde der "2 + 4" Gespräche im September 1990 in Moskau.

Die Rückwirkung auf die sowjetischen Satelliten-Staaten bleibt nicht aus. Nach und nach muß der Kommunismus in Osteuropa vor den Reformforderungen in den einzelnen Ländern kapitulieren. Den Anfang macht, wie gesagt, Polen. Kurz darauf folgt Ungarn, das als erstes Ostblockland die Grenzbefestigung nach Westen niederreißt und damit auch die Schleuse öffnet, durch die sich der Flüchtlingsstrom aus der DDR via Österreich in die Bundesrepublik ergießt. Erstmals nach dem Krieg hat damit das Freiheitsprinzip über das sozialistische Solidaritätsprinzip obsiegt. Dank Ungarns mutiger Reformer sind nun auch die Tage des SED-Regimes in Ost-Berlin gezählt!

5. "Wir sind das Volk"

7. Oktober '89: Die DDR wird 40.

Als ginge ihn die rasante Auflösung der "sozialistischen Staatengemeinschaft" gar nichts an, läßt Honecker noch einmal die "Freie Deutsche Jugend" zur verordneten Jubelfeier für den siegreichen Kommunismus auf deutschem Boden aufmarschieren. Es wird das letzte Mal sein. Zehn Tage später muß der Generalsekretär abdanken.

Anwesend bei jenem denkwürdigen Geburtstags-Spektakel ist ein hoher Gast aus Moskau, Michail Gorbatschow. Ihm bleibt der Gegensatz nicht verborgen, tausende von handverlesenen Honekker-Getreuen unmittelbar vor der Ehrentribüne, aber auch tausende normaler Bürger in den Straßen, die den Kreml-Chef verzweifelt gegen die eigene Staatsmacht zu Hilfe rufen.

Bei der Militärparade am nächsten Morgen wiederholt sich der Widerspruch vom Vorabend. Gorbatschow geht in einem anschließenden Gespräch mit Erich Honecker und Günter Mittag darauf ein und warnt die SED-Führung eindringlich, sich den notwendigen Reformen nicht länger zu verschließen, denn "wer zu spät kommt, den betraft das Leben!"

Davon aber will der SED-Chef nichts wissen. Er will seinen feierlichen Staatsakt, auch wenn er immer mehr zum Totentanz der DDR gerät.

In völliger Verkennung, wie stark der Drang nach Freiheit im Bewußtsein der Menschen bereits angewachsen ist, reagiert die Stasi nach bewährtem Muster. Sie schlägt brutal zu, um mit Gewalt die verletzte Friedhofsruhe wiederherzustellen. Doch bald wird klar, das Volk läßt sich nicht mehr knebeln. Die Situation gleitet den Sicherheitsorganen mehr und mehr außer Kontrolle. Wie also weiter?

Noch mehr staatliche Gewalt? Einsatz der Nationalen Volksarmee gegen das eigene Volk? Am Montag, den 9. Oktober ist das Risiko plötzlich unkalkulierbar geworden. Für den Abend ist wieder eine Demonstration mit massenhafter Beteiligung in Leipzig zu erwarten!

Die DDR wird 40 - der letzte Geburtstag.

Daß die Revolte, die nun zur Revolution anschwillt, einen so sanften und friedlichen Verlauf nimmt, ist vor allem den evangelischen Kirchen zu verdanken. Seit Ende der siebziger Jahre sind sie zur Keimzelle und Zufluchtsstätte für all jene geworden, die es wagen, gegen das Regime der sozialistischen Einheitspartei zu opponieren.

Nur in den Gotteshäusern, die nicht unmittelbar dem Einfluß des Staatsapparats unterstellt sind, gibt es noch eine räumlich begrenzte Freiheit vor der Diktatur. Herausragendes Symbol für den Beginn der gewaltfreien Revolution ist die Nikolaikirche in Leipzig. Spontan gehen im Anschluß an das traditionelle Montags-Friedensgebet am 2. Oktober '89 über 20.000 Gläubige auf die Straße. Ihr Ruf: "Freiheit" und "Demokratie". Für die SED unfaßbar, das hatte es zuletzt am 17. Juni 1953 gegeben!

Eine Woche später, am Montag, den 9. Oktober '89, beginnen um 17 Uhr in der Nikolaikirche und drei weiteren überfüllten evangelischen Gotteshäusern Leipzigs wieder die traditionellen Friedensgebete. Erich Honecker will ein Exempel statuieren. Er hat die NVA-Einsatzbefehle bereits unterschrieben.

Um 18 Uhr ist das Friedensgebet beendet. Anschließend strömen die Teilnehmer zum Karl-Marx-Platz, um sich zum Demonstrationszug zu formieren. "Schließt Euch an!" Dieser Ruf findet dieses Mal schon bei mehr als 70.000 Bürgern Gehör. "Keine Gewalt", lautet die Losung, die die Menschen aus den Kirchen mitbringen. Über die lokalen Rundfunkstationen spricht zur selben Zeit Kurt Masur, der Chefdirigent des Gewandhaus-Orchesters: "Unsere gemeinsame Sorge und Verantwortung haben uns heute zusammengeführt. Wir sind von der Entwicklung in unserer Stadt betroffen und suchen nach einer Lösung. Wir bitten dringend um Besonnenheit, damit der friedliche Dialog möglich wird."

An diesem Abend überwinden die Demonstranten ihre Angst vor der Staatsmacht. "WIR SIND DAS VOLK", skandieren sie. Das ist die Kampfansage an die Diktatur und der Ruf der friedlichen deutschen Revolution!

Honeckers Bürgerkriegsarmee, rund 8000 Mann, steht derweil in den Seitenstraßen Leipzigs und wartet auf das Signal zum Losschlagen. Doch Egon Krenz, der ZK-Sekretär für Sicherheitsfragen, hält sie zurück. Instinktiv wittert er seine große Chance, im Strudel der Ereignisse eine "Palastrevolution" innerhalb der SED gegen den altersstarren Erich Honekker nicht nur anzuzetteln, sondern ihn sogar als Nachfolger im Amt zu beerben. Also: kein Einsatz der NVA. Stattdessen Rückzug vor dem Volk.

Das ist der Durchbruch für die gewaltlose Revolution!

Am nächsten Tag kommt es zu stürmischen Auseinandersetzungen im SED-Politbüro. Allen Versammelten ist klar: es geht um den Erhalt der Macht. Aber wie?

Mit einer Erklärung wendet sich das Politbüro

schließlich an die Bürger der DDR und fordert sie auf, "Gedanken und Vorschläge einzubringen, wie wir den Sozialismus in unserer Republik in den neunziger Jahren weiter voranbringen". Außerdem verspricht die Parteiführung, gemachte Fehler "auch bei uns" zu suchen und die SED sei zum Dialog unter der Voraussetzung bereit, daß die Gesprächspartner "bereitwillig" und "gutmeinend" sind.

Die Menschen lesen aus diesen Verlautbarungen nicht das heraus, was die Machthaber sich erhoffen, ganz im Gegenteil, die Massen sind wütend über so viel Hochmut, ihren Drang nach Freiheit und weitreichenden politischen Veränderungen einfach mit ein paar läppischen Versprechungen abzutun. Deshalb gehen sie wieder auf die Straße. Diesmal, am 16.10., sind es schon 120.000, die einen noch längeren Forderungskatalog von Veränderungen präsentieren: Reisefreiheit, Bestrafung der brutalen Polizei- und Stasi-Schlägertrupps, durchgreifende Reformen in der Volkswirtschaft und eine umfassende politische Erneuerung durch Zulassung von Oppositionsparteien und Abhaltung wirklich freier und geheimer Wahlen.

Das rührt an den Nerv der Regierenden. Und die können kaum etwas unternehmen, weil sie wissen, daß die Massen stärker sind, seit sie ihre Angst vor dem Machtapparat verloren haben.

In dieser Situation tritt das verängstigte Politbüro die Flucht nach vorne an. Nach achtzehn Jahren als SED-Generalsekretär wird Erich Honecker am 18. Oktober '89, offiziell auf eigenen Wunsch "aus gesundheitlichen Gründen", auf seinem Posten abgelöst. Neuer Generalsekretär wird Egon Krenz.

Der Sturz des Erich H. ist, wie schon 1971 der Walter Ulbrichts, total. Für Honecker ist nicht einmal mehr Platz im Politbüro, im Staatsrat oder im Nationalen Verteidigungsrat. Alle Ämter ist er los.

Nach seiner Machtergreifung hat der Anführer der Verschwörung gegen Honecker nichts Eiligeres zu tun, als dem Volk zu suggerieren, er verkörpere nun die Wende. Egon Krenz schützt eifriges Krisenmanagement vor. Er konferiert mit Vertretern der

Jahrelang aufgestauter Haß bricht sich die Bahn.

Flüchtende DDR-Bürger im Forum Hotel in Warschau.

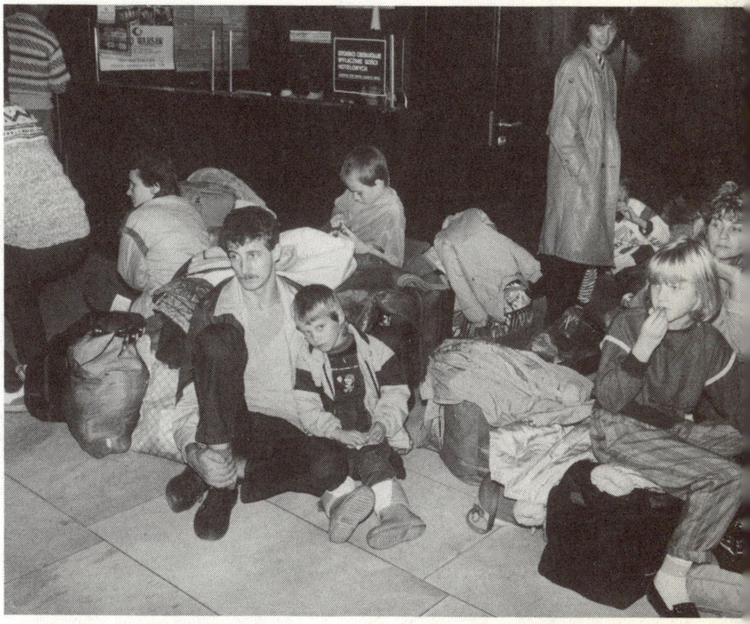

Seite 120: Noch herrscht Zensur - diese Aufnahme einer Leipziger Demonstration vom 23. 10. 1989 mit 320.000 Teilnehmern wurde heimlich aufgenommen.

Blockparteien CDU, LDPD, NDPD und DBD, wirbt in Betrieben und im Fernsehen für einen kritischen Dialog und verspricht Sofortmaßnahmen gegen die drückendsten Probleme. Doch das Volk läßt sich nicht einlullen. Am 4. November demonstrieren in Ost-Berlin weit mehr als eine halbe Million Menschen gegen Willkür und Verkommenheit des SED-Regimes und für die Einführung der Demokratie. Niemals zuvor in der DDR-Geschichte hat es eine Kundgebung gegeben, die größer und nicht von der SED organisiert war.

Das Volk klagt hier die wirkliche politische Wende ein, dem "ersten Wendehals", Egon Krenz traut keiner.

6. November: An diesem Abend wird nahezu landesweit demonstriert. Allein in Leipzig sind es Hunderttausende, die noch einmal mit Nachdruck die Aufgabe des SED-Führungsanspruchs, freie Wahlen und ein Reisegesetz ohne jede Einschränkung fordern. Hieß es in den Sprechchören vor kurzem noch: "Wir wollen raus!", so folgt jetzt die trotzige Umkehr: "Wir bleiben hier!"

Unter dem Druck der Straße stellt sich schon am nächsten Tag ein wichtiger Erfolg ein. Die Regierung tritt zurück.

Die Bürger wollen freie Wahlen . . .

Am 8. November muckt plötzlich auch noch das SED-Parteivolk auf. Im Gebäude des Zentralkomitees wird gerade die 10. ZK-Tagung eröffnet, als draußen vor der Tür tausende Parteimitglieder für eine personelle, organisatorische und inhaltliche Erneuerung der SED demonstrieren. Das Politbüro stellt daraufhin geschlossen seine Ämter zur Verfügung. Dann wird ein neues gewählt. Egon Krenz wird zwar als Generalsekretär bestätigt, zehn Alt-Stalinisten aber scheiden endgültig aus, unter ihnen Stasi-Chef Erich Mielke, FDGB-Vorsitzender Harry Tisch, Vorsitzender des Ministerrats Willy Stoph, Volkskammerpräsident Horst Sindermann, Chef-Einpeitscher Hermann Axen. Größter "Aufsteiger" ist Hans Modrow, Erster Sekretär der SED-Bezirksleitung Dresden, der die Nachfolge von Willy Stoph antreten soll. Günter Schabowski rückt zum Verbindungsmann zwischen Parteiführung und Volk auf.

Eher beiläufig verliest Schabowski am nächsten Tag, dem 9. November, in einer Live-Übertragung des DDR-Fernsehens den Entwurf zu einem neuen Reisegesetz: "Privatreisen nach dem Ausland können ohne Vorliegen von Voraussetzungen, Reiseanlässen und Verwandtschaftsverhältnissen beantragt werden. Die Genehmigungen werden kurzfristig erteilt, ohne daß dafür noch geltende Voraussetzungen für eine ständige Ausreise vorliegen müssen. Ständige Ausreisen können über alle Grenzübergangsstellen der DDR zur BRD erfolgen."

Schabowski ahnt nicht, welche Wirkung seine Worte noch in derselben Nacht haben werden. Was eigentlich nur den Überdruck im Kessel DDR ablassen soll, läßt ihn nun bersten.

In Ost-Berlin strömen tausende von Menschen an die Grenze. Eher skeptisch und noch ungläubig warten sie auf die Öffnung der Mauer. Dann geschieht es.

Der Jubel auf beiden Seiten ist unbeschreiblich. 28 lange Jahre stand die Mauer "ohne Fenster und Türen zur Realität der DDR" (so die Gewerkschaftszeitung “Trud”). Ihr Ende ist zugleich auch Abgesang der DDR!

Die meisten Ost-Berliner wollen “bloß mal gucken”, “nur mal rübergehen”, weiter nichts. “Wer jetzt schläft, der ist tot”, so beschreibt ein junger Mann den großen historischen Augenblick des 9. November 1989. Und als der West-Berliner Bürgermeister dann am nächsten Morgen sagt: “In dieser Nacht, da war das deutsche Volk das glücklichste der Welt”, übertreibt Walter Momper nicht. Der 9. November markiert den triumphalen Höhepunkt für die erste Revolution auf deutschem Boden, die einmal nicht mißglückt ist. Und es ist etwas geschehen, was man dem deutschen Volk bislang nicht zugetraut hat: Einen Wandel zu erzwingen durch die Macht der Straße!

Es gehört zur Ironie der Geschichte, daß der Ablauf der Ereignisse am späten 9. November von den führenden Genossen so nicht gewollt war. Denn der Beamte im DDR-Innenministerium, der den Auftrag zur Ausarbeitung des Reisegesetzentwurfs erhalten hatte, hat dessen Wortlaut einfach eigenmächtig ausgedehnt. Als Schabowski vor laufenden Fernsehkameras den ihm bis dahin unbekannten Text verlesen hatte, war es zu spät!

. . . und keinen Wendehals.

Parolen der “sanften Revolution”:

“Das Volk sind wir - Gehen sollt Ihr”

“Ohne Visa bis nach Pisa”

“Freies surfen auf der Ostsee”

“Auf die Dauer ohne Mauer”

“Besser einer geht und alle bleiben; als das Ganze Volk vertreiben”

“Wir wollen endlich Taten sehen, sonst sagen wir auf Wiedersehen”

“UnbeKRENZte Macht dem Volke”

“Glasnost ist nicht Süssmost”

“ SED allein darf nicht sein”

“Sägt die Bonzen ab - Schützt die Bäume”

Die Mauer wird löchrig.

6. Der Weg nach Deutschland

"WIR SIND DAS VOLK" - aber sind wir auch ein Volk?

In der ersten Woche nach Öffnung der Mauer und der innerdeutschen Grenze ergießt sich eine wahre Lawine von DDR-Besuchern in die Bundesrepublik. Über fünf Millionen sind es bis zum 16. November. Fast alle kehren in die DDR zurück.

Eine Zeit des Übergangs beginnt. Insgesamt vier Monate, in denen die ganze Tragweite des Umsturzes deutlich wird. Vom Anspruch der SED, die gesellschafts- und wirtschaftspolitische Erneuerung "ihrer" DDR selbst anzuführen, bis zur Einsicht, daß die Einheit der Nation unvermeidlich ist.

Unter dem noch frischen Eindruck der vollendeten "November-Revolution" steht das SED-Regime nun unter massivem Druck, der Lage Herr zu werden. Am 13. November wählt die Volkskammer deshalb Hans Modrow zum Ministerpräsidenten. Der Dresdner SED-Chef gilt als allerletzter Hoffnungsträger.

Um die Existenz der DDR zu retten, schlägt er der Bundesrepublik eine Vertragsgemeinschaft vor. Doch einmal mehr ist es der Druck der Straße, der die DDR in eine andere Richtung treibt. Auf der ersten Montagsdemonstration nach Erlangung der Freiheit fordern in Leipzig nun Hunderttausende lautstark die Einheit. Ihre neuen Slogans: "Wir sind ein Volk" und "Deutschland einig Vaterland." Nicht alle sind dafür. In Berlin verfassen z.B. Intellektuelle wie Konrad Weiß den Aufruf: "Für unser Land". Sie glauben, wie übrigens viele auch in Westdeutschland, an einen sogenannten "Dritten Weg".

Und wie reagiert die Bundesrepublik?

Kanzler Kohl legt dem Bundestag überraschend am 29. November '89 ein Zehn-Punkte-Programm zur Deutschlandpolitik vor. Darin greift er Modrows Gedanken von der Vertragsgemeinschaft auf, führt ihn aber noch einen Schritt weiter; nämlich "konföderative Strukturen zwischen beiden Staaten in Deutschland zu entwickeln mit dem Ziel, eine Föderation, das heißt eine bundesstaatliche Ordnung in Deutschland zu schaffen. Das aber (...) setzt zwingend eine demokratisch legitimierte Regierung in der DDR voraus. Wie ein wiedervereinigtes Deutschland schließlich aussehen wird, das weiß heute niemand. Daß aber die Einheit kommen wird, wenn die Menschen in Deutschland sie wollen, dessen bin ich sicher!"

Damit ist ein klares Signal gegeben, wie sich die

Bundesregierung die weitere Entwicklung vorstellen könnte.

Bei den Menschen in der DDR macht sich derweil Ungeduld breit. Auch sie wollen die Entwicklung mitbestimmen. Und die bisherigen Veränderungen sind den meisten noch zu halbherzig.

Das Tempo der Veränderung beschleunigt sich. Die gefürchtete Staatssicherheit ist zwar offiziell schon aufgelöst, aber, wie sich herausstellt, längst noch nicht zerschlagen. Korruptionsskandale, Waffenschiebereien werden aufgedeckt. Nun muß auch Egon Krenz seinen Stuhl räumen. Kurz darauf wird sogar das verhaßte Politbüro abgeschafft. Unvorstellbar noch vor ein paar Wochen: Die einst allmächtige Staatspartei steht jetzt faktisch vor dem Zusammenbruch!

Die Begeisterung der ersten Tage ist vorbei, doch der Enthusiasmus bleibt, auch wenn sich bei den Menschen unter die generelle Zuversicht wieder mehr Zweifel eingeschlichen haben. Ende '89 packen täglich mehr als tausend DDR-Bürger ihre Koffer, um für immer in die Bundesrepublik überzusiedeln. Diese "Abstimmung mit den Füßen" und die andauernden Massendemonstrationen produzieren fraglos die größte Schubkraft für die Veränderung der DDR.

Nun, da jeder DDR-Einwohner in der Bundesrepublik selbst sehen kann, was ihm in knapp drei

Die Berliner begrüßen ihre Mitbürger aus dem Ostteil der Stadt mit Blumen.

Auf einer Kundgebung vor dem Rathaus Schöneberg sprechen Kohl, Genscher, Brandt und Momper zu Berlinern der ganzen Stadt.

Jahrzehnten hinter Stacheldraht und Mauer vorenthalten wurde, möchten möglichst viele möglichst rasch das Versäumte nachholen. Besonders in der Altersgruppe 20-40 ist die Zuversicht groß, trotz des Risikos eines völligen wirtschaftlichen Neubeginns den persönlichen Aufschwung im Westen in kurzer Zeit zu schaffen, denn wer kann im Dezember '89 hundertprozentig sicher sein, ob der Prozeß der Wende in der DDR wirklich schon unumkehrbar geworden ist? Immerhin, die Volkskammer hat das Machtmonopol der SED aus der DDR-Verfassung bereits herausgestrichen. Vom "sozialistischen Staat der Arbeiter und Bauern (...) unter Führung der Arbeiterklasse und ihrer marxistisch-leninistischen Partei" ist seit dem 8.12.'89 keine Rede mehr, ein entscheidender Schritt in Richtung Demokratisierung!

Der Weg für ein Mehrparteiensystem ist damit frei. Außer der SED und den alten Blockparteien CDU, LDPD, DBD, NDPD sind damit schlagartig sieben neue Parteien und oppositionelle Gruppierungen politisch legitimiert: Sozialdemokraten, Demokratie jetzt, Neues Forum, Demokratischer Aufbruch, Initiave Frieden und Menschenrechte, Vereinigte Linke und Grüne Partei.

Auf Einladung der Kirchen kommen die etablierten und oppositionellen Parteien zu gemeinsamen Gesprächen am sogenannten "Runden Tisch" zusammen. Nach polnischem und ungarischem Vorbild soll der paritätisch besetzte Runde Tisch (zu dessen Beratungen auch der Unabhängige Frauenverband sowie der Freie Deutsche Gewerkschaftsbund zugelassen werden) in den künftigen DDR-Gesetzgebungsprozeß miteinbezogen werden.

Der Vorgang ist bemerkenswert: Während der Übergangszeit, in der das Parlament des alten Regimes noch nicht von einem frei gewählten Parlament ersetzt ist, entsteht eben nicht das sonst übliche Machtvakuum, sondern eine semi-parlamentarische Institution als Querschnitt aller gesellschaftlich relevanten Gruppen, Kirchen und Parteien, die den freien Fall des Landes in Anarchie und Chaos verhindert.

Konsequenterweise betrifft der erste demokratisch gefaßte Mehrheitsbeschluß des Runden Tisches den Termin für die ersten wirklich freien Volkskammerwahlen in vierzig Jahren. Bei 22 Ja-Stimmen, keiner Nein-Stimme und 11 Enthaltungen schlagen die Teilnehmer den 6. Mai 1990 als Wahltag vor. Wohl gemerkt: Der Runde Tisch kann keine direkte Regierungsfunktion ausüben. Dennoch fungiert er als entscheidender "Bestandteil der öffentlichen Kontrolle" in der DDR.

Am 19. und 20. Dezember '89 treffen sich Ministerpräsident Hans Modrow und Bundeskanzler Helmut Kohl in Dresden. Die wichtigsten Ergebnisse der Gespräche sind Wegfall des Zwangsum-

Jugendliche mit ostdeutschen Soldatenhelmen und -mützen, die am Brandenburger Tor am 2. Oktober 1990 als Souveniers verkauft werden.

tauschs, Wegfall der Visumspflicht, für Bundesbürger in der DDR gilt zukünftig ein Umtauschsatz von 1:3, alle politischen Gefangenen in der DDR werden bis Weihnachten entlassen und noch vor dem 24.12. soll das Brandenburger Tor geöffnet werden. Eine Vertragsgemeinschaft zwischen beiden deutschen Staaten wird für das Frühjahr '90 angepeilt.

22. Dezember: Der lang ersehnte Traum ist Wirklichkeit geworden. Das Brandenburger Tor, sinnfälligstes Symbol der deutschen Einheit, ist wieder offen. An diesem Nachmittag regnet es in Strömen. Doch die Deutschen aus Ost und West lassen sich's nicht verdrießen, sie sind sich dieser historischen Zäsur bewußt!

Nach dem ersten gemeinsamen Weihnachtsfest ohne Visumszwang und Mindestumtausch für West-Berliner und Bundesbürger und ohne Reisebeschränkung für die DDR-Einwohner am 31. Dezember ein weiterer Höhepunkt, überall erleben die Deutschen das fröhlichste Sylvesterfest seit mehreren Jahrzehnten. Allein in der ehemals geteilten Stadt Berlin kommen zur Jahreswende fast eine halbe Million Menschen rund ums Brandenburger Tor zusammen.

Der allgemeinen Euphorie folgt indes schon bald die Katerstimmung. Vor der Volkskammer erklärt DDR-Ministerpräsident Hans Modrow am 24. Januar, daß sich der Prozeß des staatlichen Autoritätsverfalls und der wirtschaftlichen Krise rasant beschleunigt habe. Ein Tag später konferiert Hans

Das bekannteste Auto der DDR, der Trabant, liebevoll "Trabi" genannt.

Modrow in Moskau mit Staats- und Parteichef Gorbatschow. In einem anschließenden Interview berichtet Modrow, man habe "Probleme der Vereinigung der deutschen Staaten eingehend erörtert". Nur zwei Tage nach seiner Stippvisite im Kreml wird Modrow konkreter. Auf einer Pressekonferenz in Ost-Berlin legt er überraschend seine "Konzeption für den Weg zu einem einheitlichen Deutschland" unter dem Obertitel: "Für Deutschland, einig Vaterland" vor. Als Schritte auf dem Weg dorthin benennt Modrow:

1. Abschluß eines Vertrags über Zusammenarbeit und gute Nachbarschaft;
2. Bildung einer Konföderation von DDR und BRD mit gemeinsamen Organen und Institutionen, wie z.B. parlamentarischer Ausschuß, Länderkammer;
3. Übertragung von Souveränitätsrechten beider Staaten an Machtorgane der Konföderation;
4. Bildung eines einheitlichen deutschen Staates in Form einer Deutschen Föderation oder eines Deutschen Bundes durch Wahlen in beiden Teilen der Konföderation, Zusammentreten eines einheitlichen Parlaments, das eine einheitliche Verfassung und einheitliche Regierung mit Sitz in Berlin beschließt.

Doch kaum ein Vierteljahr, nachdem das Volk der DDR das Tor zur Einheit aufgestoßen hat, zeigt sich nun, daß die enorme Eigendynamik der Entwicklung längst schon keine Zeit mehr läßt, auf die Verwirklichung langwieriger Staatenbund-Konföderations- oder Zehn-Punkte-Pläne zu warten. Schnelles, umfassendes Handeln ist gefragt, angesichts täglich immer größerer Hiobsbotschaften über den wirtschaftlichen Niedergang und den Massenexodus der DDR.

Unter diesem Eindruck wird am 5. Februar eine "Regierung der nationalen Verantwortung" in Ost-Berlin gebildet. Acht Mitglieder oppositioneller Gruppierungen und Parteien ziehen als Minister ohne Geschäftsbereich in den Ministerrat ein. Sofortige Empfehlung an den Staatsrat: die ersten freien Wahlen zur Volkskammer auf den 18. März vorzuziehen.

Der umgehend einsetzende hektische Wahlkampf bringt es an den Tag. Nicht jenen, die Zweifel am forcierten Einheitstempo haben, statt einer Wiedervereinigung die "Niedervereinigung" der DDR befürchten oder gar hoffen, daß "aus beiden etwas Neues wächst", gehört das Ohr der Massen, sondern vor allem demjenigen, der die "geschichtliche Chance" zur Wiedererlangung der nationalen Einheit beschwört: Bundeskanzler Helmut Kohl.

Und noch etwas anderes bringt der Wahlkampf an den Tag: Hinter der immer lauter und stärker werdenden Forderung der Massen bei den Wahlkundgebungen nach dem "Einig Vaterland" steht der Wunsch, ja mehr noch, die Sehnsucht von Millionen im Osten nach einem "Leben wie im Westen", und zwar durchaus auch im materiellen Sinne. Nach einer von über 100.000 Menschen besuchten Wahlkampfveranstaltung in Sachsen, auf der auch Willy Brandt spricht, äußert er in einem Fernsehinterview anschließend seinen Eindruck, daß viele, die "Einheit" rufen, offenbar die "Deutsche Mark West" meinen.

Bei Gesprächen am 10. Februar in Moskau signalisiert Michail Gorbatschow dem Bundeskanzler, daß die UdSSR es respektieren werde, wenn die Deutschen in Zukunft in einem Staat leben wollten und daß es Sache der Deutschen sei, den Zeitpunkt und den Weg der Einigung selbst zu bestimmen. Kein Zweifel: Der Mann im Kreml hat jeden Widerstand gegen ein Gesamtdeutschland aufgegeben. Das i s t der entscheidende Durchbruch zur Deutschen Einheit!

Aber wollen sie auch mehrheitlich die Menschen in der DDR? Und: spielen auch die Alliierten mit, die nach wie vor mehr als nur ein Wörtchen mitzureden haben?

Auf die erste Frage geben die Noch-DDR-Bürger am 18. März '90 eine klare Antwort. Bei den ersten wirklich freien und geheimen Wahlen zur Volks-

Die ersehnte harte D-Mark . . .

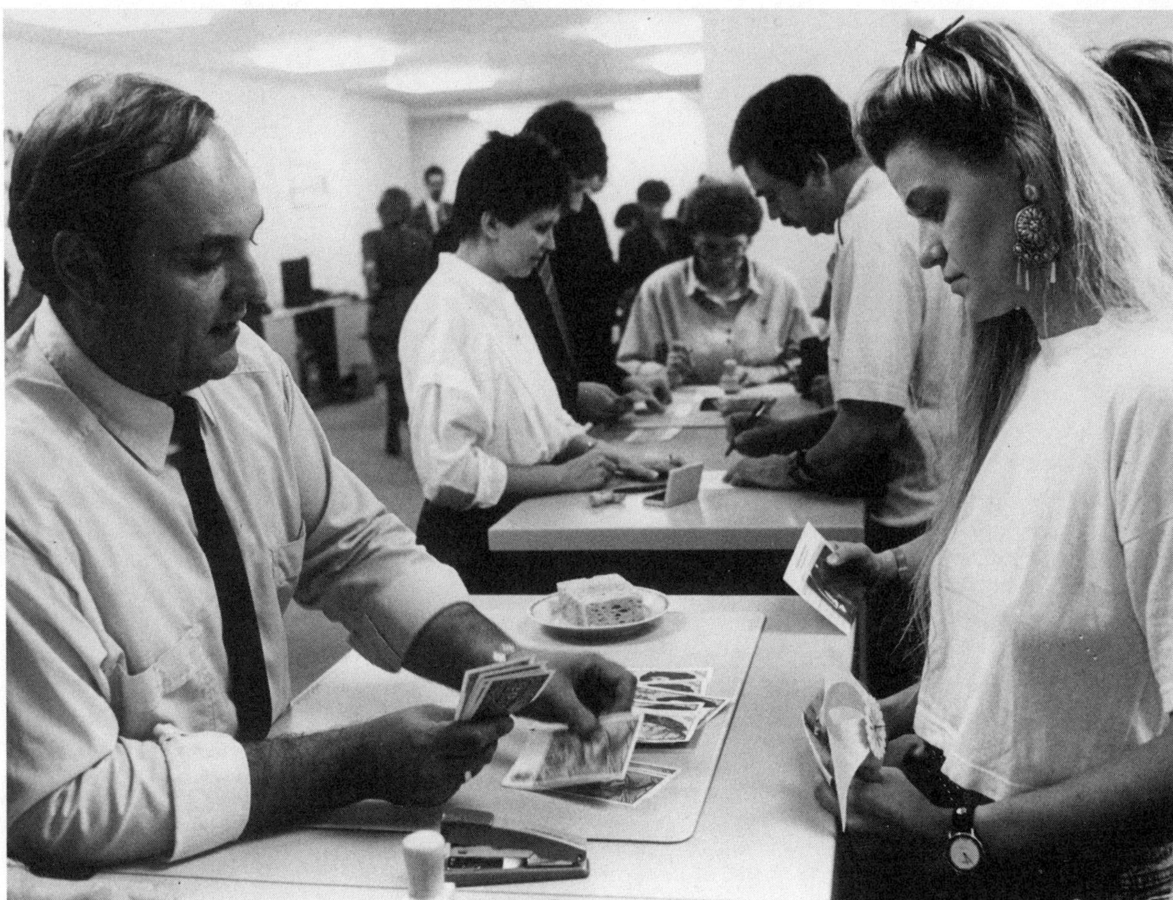

... die westliche Händler den Bürgern gleich wieder aus der Tasche ziehen wollen.

kammer erreicht die Konservative "Allianz für Deutschland" einen eindrucksvollen Wahlsieg. Weil sie die absolute Mehrheit aber knapp verfehlt hat und für eine Verfassungsänderung zum Vollzug der Deutschen Einheit ohnehin die Zwei-Drittel-Mehrheit braucht, machen CDU, DSU und DA der SPD und dem Bund Freier Demokraten ein Koalitionsangebot zur gemeinsamen Regierungsbildung. Auf die SED, die sich vor den Wahlen noch rasch in "Partei des Demokratischen Sozialismus" (PDS) umbenannt hat, ist künftig keine demokratische Kraft im Parlament mehr angewiesen.

Eine Woche nach der konstituierenden Sitzung der Volkskammer steht am 11. April die Regierungsmannschaft unter dem designierten Ministerpräsidenten Lothar de Maizière. In seiner Regierungserklärung macht sich der DDR-CDU-Regierungschef für einen schnellen Beitritt der Deutschen Demokratischen Republik nach Artikel 23 des Grundgesetzes stark. Allerdings bedürften zuvor zahlreiche Punkte der Klärung, die noch nicht in Übereinstimmung mit der Verfassung der Bundesrepublik stünden; u.a. das Mietrecht, Bodenrecht, Eigentumsrecht.

Größter Stolperstein: Wenn die DDR nach Artikel 23 den Beitritt zur Bundesrepublik erklärt, müßte dann nicht auch das erweiterte Staatsgebiet des vereinten Deutschland gleichsam "automatisch" NATO-Territorium werden?

An diesem Scheideweg auf der rasanten Fahrt zur Einheit angekommen, wird allen ehemaligen Siegermächten des Zweiten Weltkriegs plötzlich

Der Zorn des Volkes trifft besonders die Stasi . . .

klar, daß sie eine Gesamt-Mitverantwortung beim Prozeß der deutschen Wiedervereinigung tragen und keineswegs nur die beiden deutschen Staaten über die äußeren Bedingungen ihrer zukünftigen Einheit allein bestimmen können. Das Bündnis- und Sicherheitsproblem des neuen Deutschland wird deshalb zum Kern der weiteren Entwicklung und bestimmt letzten Endes auch das Tempo zur endgültigen Lösung der nationalen Frage.

Bundesaußenminister Hans-Dietrich Genscher findet einen für Frankreich, Großbritannien, Amerika und die Sowjetunion gleichermaßen akzeptablen Modus, die äußeren Aspekte des größeren Deutschland zu erörtern. Die Zauberformel: "Zwei plus Vier"; d.h. die DDR und die Bundesrepublik verhandeln gleichberechtigt mit den Siegermächten das Bündnispakt- und Souveränitätsproblem.

Das erste Treffen im Rahmen der Zwei plus Vier Verhandlungen findet am 5. Mai in Bonn statt. Die Gespräche lassen sich gut an. "Nach unseren Vorstellungen braucht die Regelung der inneren und äußeren Einheit zeitlich nicht unbedingt zusammenzufallen", erklärt der sowjetische Außenminister Eduard Schewardnadse den hocherfreuten Gastgebern. Mit dieser pragmatischen Haltung

. . . die jahrzehntelang unliebsame Bürger überwacht und unter Druck gesetzt hat. Der Einlaß in das Stasi-Gebäude wurde versiegelt.

Moskaus ist der heikelste Konfliktpunkt für alle überraschend schon nach der ersten Verhandlungsrunde vom Tisch. Die Deutschen wollen indes mehr, nämlich sowohl den inneren, als auch den äußeren Aspekt der Einheit parallel abschließen.

Auf dem inneren Weg zur Wiedervereinigung geht es nach den ersten freien Kommunalwahlen in der DDR am 18. Mai ein gutes Stück vorwärts: Die Finanzminister Theo Waigel (Bundesrepublik) und Walter Romberg (DDR) unterzeichnen den ersten deutsch-deutschen Staatsvertrag über die Währungs, Wirtschafts- und Sozialunion. Am 1. Juli tritt er in Kraft.

Mit der Einführung der DM in der DDR ist eine weitere entscheidende Etappe zur völligen Beseitigung des alten Einheitsstaats erreicht, mehr noch, der innere Prozeß der Einigung wird damit unumkehrbar!

Unmittelbar danach beginnen die Verhandlungen für einen zweiten Staatsvertrag, den sogenannten "Einigungsvertrag". Er regelt die Voraussetzungen für den Beitritt zur Bundesrepublik nach Artikel 23 Grundgesetz. Verkoppelt mit diesem Prozeß ist die Rückkehr zu föderativen Strukturen bei der Schaffung neuer Verwaltungseinheiten auf dem Gebiet der DDR. Von der SED verschüttete lands-

Die Sowjetunion zieht sich zurück, hier aus der CSFR.

Kiel
SCHLESWIG-
HOLSTEIN
MECKLENBURG-
VORPOMMERN
Schwerin
Hamburg
Bremen
NIEDERSACHSEN
BRANDEN-
BURG
Berlin
Potsdam
Hannover
NORDRHEIN-
WESTFALEN
SACHSEN-
ANHALT
Düsseldorf
Erfurt
SACHSEN
Bonn
HESSEN
THÜRINGEN
Dresden
RHEINLAND-
PFALZ
Wiesbaden
Mainz
SAAR
LAND
Saarbrücken
Stuttgart
BAYERN
BADEN-
WÜRTTEMBERG
München
INP
100 km

mannschaftliche Traditionen leben wieder auf: Die fünf Länder Thüringen, Sachsen, Sachsen-Anhalt, Brandenburg und Mecklenburg-Vorpommern sollen den zukünftigen gesamtdeutschen Bundesstaat stärken.

Die Bedingungen der äußeren Einheit halten mit denen der inneren Einheit Schritt. Bei einem Besuch von Genscher, Kohl und Waigel bei Gorbatschow im Kaukasus stimmt der Generalsekretär gegen eine "Abstandszahlung" von 12 Milliarden DM aus der Bundeskasse zur Repatriierung seiner Sowjet-Soldaten aus dem Territorium der DDR sowohl der Wiedervereinigung, als auch der NATO-Mitgliedschaft eines vergrößerten Deutschland zu. Weiterer Erfolg: Während der dritten Verhandlungsrunde der Zwei plus Vier Gespräche in Paris gibt schließlich auch noch Polen im Gegenzug für eine endgültige Anerkennung der Oder-Neiße-Grenze der Deutschen Einheit seinen Segen.

Nur elf Monate nach dem Beginn der gewaltfreien Revolution ist das Endziel der nationalen Einheit erreicht! Am 23. August 1990 erklärt die Volkskammer den Beitritt der Deutschen Demokratischen Republik zum Geltungsbereich des Grundgesetzes der Bundesrepublik Deutschland nach Artikel 23 GG mit Wirkung vom 3. Oktober 1990, dem neuen Nationalfeiertag der Deutschen.

Der historische Augenblick am 2.10. um 0 Uhr: Trotz aller Euphorie auch ein Wechselbad der Gefühle. 41 Jahre der Teilung sind zu Ende. Unwiderruflich. Aber, noch ist das Einheitswerk innerlich zerbrechlich, halten alte Gewohnheiten im Denken im Osten wie im Westen Deutschlands an, gibt es soziale und wirtschaftliche Ängste. Und für ein Butterbrot ist die nationale Existenz auch nicht zu sichern. Einheit ja, aber zahlen wollen viele ehemalige Bundesbürger dafür lieber nicht.

Deutschland ist in eine neue Phase seiner Entwicklung eingetreten. Zum ersten Mal seit dem Zweiten Weltkrieg haben die Deutschen eine echte Chance, über ihr Schicksal eigenständig zu bestimmen. Ganz allein gelassen werden sie gottlob aber nicht; denn im gemeinsamen "europäischen Haus" gestalten derzeit nicht nur die Deutschen, sondern auch alle anderen Bewohner ihre Wohnung neu. Grund: Mit dem Ende der Teilung Deutschlands ist auch das Ende der Spaltung Europas verbunden.

Auf der "Konferenz über Sicherheit und Zusammenarbeit in Europa" (KSZE) Ende November '90 in Paris wird der Kalte Krieg zu Grabe getragen und feierlich das "neue Europa" aus der Taufe gehoben.

Die sechzehn Staaten der NATO und sechs Staaten des Warschauer Pakts verabschieden gemeinsam ein historisches Vertragswerk, die "Charta von Paris", in der sie das Ende ihrer Gegnerschaft und gegenseitigen Gewaltverzicht erklären. Das Fundament einer neuen Sicherheitsordnung für den zusammenwachsenden Kontinent Europa ist damit gelegt. "Das geeinigte Deutschland wird ein Eckstein der europäischen Friedensordnung sein" bekräftigt Helmut Kohl. Als Bausteine für das neue Europa beschließt der Gipfel die Einrichtung mehrerer Institutionen: ein KSZE-Sekretariat in Prag, ein Zentrum für Konfliktverhütung in Wien und ein Zentrum zur Überwachung von Wahlen in Warschau. Kern der praktischen Zusammenarbeit werden regelmäßige Treffen der Staats- und Regierungschefs sein. Die Außenminister werden mindestens einmal jährlich als KSZE-Rat zusammenkommen.

Frankreichs Staatspräsident Francois Mitterand rückt in seinem Schlußwort die geschichtliche Bedeutung dieses zweiten europäischen Großanlasses seit der KSZE-Schlußakte von Helsinki 1975 in eine angemessene Perspektive, wenn er feststellt: "Die Begriffe 'Freiheit' und 'Demokratie' haben nunmehr überall denselben Sinn. Die Wertegemeinschaft ist jetzt kein leeres Wort mehr!"

Was also markiert eher das eigentliche Wiegenfest der deutschen Einheit? Der 3. Oktober oder die "Charta von Paris"?

Die Zukunft wird es zeigen?

Der 9. November 1989- “So ein Tag, so wunderschön wie heute . . . ”